当我们谈论孙子兵法时，我们在谈论什么？

郭文静 著

中国文联出版社
http://www.clapnet.cn

图书在版编目（CIP）数据

当我们谈论《孙子兵法》时，我们在谈论什么？ /
郭文静著 . -- 北京 : 中国文联出版社，2015.8
ISBN 978-7-5190-0338-8

Ⅰ . ①当… Ⅱ . ①郭… Ⅲ . ①兵法 – 中国 – 春秋时代 ②《
孙子兵法》– 研究 Ⅳ . ① E892.25

中国版本图书馆 CIP 数据核字 (2015) 第 218306 号

当我们谈论孙子兵法时，我们在谈论什么？

著　　者：郭 文 静			
出 版 人：朱　　庆			
终 审 人：奚 耀 华		复 审 人：周 劲 松	
责任编辑：曹 艺 凡		责任校对：夏 小 晴	
封面设计：钟　　原		责任印制：陈　　晨	

出版发行：中国文联出版社

地　　址：北京市朝阳区农展馆南里 10 号　　，100125

电　　话：010-65389147（咨询）65067803（发行）65389150（邮购）

传　　真：010-65933115（总编室），010-65033859（发行部）

网　　址：http://www.clapnet.cn

E - mail：clap@clapnet.cn　　caoyf@clapnet.cn

印　　刷：重庆市白合印刷厂

装　　订：重庆市白合印刷厂

法律顾问：北京市天驰洪范律师事务所徐波律师

本书如有破损、缺页、装订错误，请与本社联系调换

开　　本：890×1240　1/32

字　　数：100 千字　印张：5.125

版　　次：2015 年 12 月第 1 版 印次：2015 年 12 月第 1 次印刷

书　　号：ISBN 978-7-5190-0338-8

定　　价：28.00 元

目录

前　言
孙子，一脸慈悲做圣人

说起《孙子兵法》，大家一定不陌生，就算没有真心拜读过，好歹也知道"知己知彼，百战不殆"之类的名言金句！孙子开创的内涵段子可算影响中国 N 多年，更是牛掰地漂洋过海，被不少国际友人奉为经典。著名诗人臧克家有诗赞叹："有的人死了，他还活着。"这话不仅能赞扬一代文豪鲁迅，也能概括这位传说中的战神孙子。要说孙子很牛掰，抽象了说显示不出来，具体点说吧！很多作家一生伏案写作，所写文字数量之巨，数十上百万甚至上千万；可是孙子呢？一辈子也就写了《孙子兵法》一本，一共 13 篇，合计也就六千余字，放在今天，一篇论文都算不上，可说到影响力，无论是广度还是深度，《孙子兵法》都甩其他人 N 条街，就算在千里之外的国外书店，某些知名作家的书籍未必找得到，不过一定能寻见《孙子兵法》

的身影，外国人还给起了个国际范儿的名字——The Art of War（战争的艺术）。它被翻译成多国文字，影响了世界几百年，并将持续影响下去。

如果一定要找出一些具体的故事证明孙老爷子的实力，也行，随便溜几个。先说政界吧，布什父子挺牛掰的，先后在美国政坛呼风唤雨了好些年。老布什当政期间，日理万机的他在案头必放一本《孙子兵法》，后来下台了，儿子上位，继承父亲这个传统，相当喜欢《孙子兵法》，喜欢就算了，小布什还将其中不少智慧直接运用到了反恐和海战中，取得不少战绩。再远一点，说说德国的最后一位皇帝威廉二世，他在铁血宰相俾斯麦的协助下，一步一步将德国推向强大，最终却炒了俾斯麦，抄上家伙发动了坑爹的第一次世界大战，意在打破世界已有的秩序，为德国捞点殖民地和油水。可惜，他前半生日子太顺畅，用稚嫩的肩膀撑起了破败的德国，有点不知天高地厚，不知道千里之外有一个中国人嘶声竭力地呼唤：战争很可怕，打仗需谨慎！然后，他从高高在上的德国皇帝成为千夫所指的罪魁祸首。听说十月革命之后，这个悲催的皇帝流落到了荷兰，在荷兰街头读到一本中国人写的军事指导手册即《孙子兵法》，他看着看着就哭得泪流满面。不知道是孙老爷子精密的作战指导方针刺中了他的小心脏，还是孙老爷子那高大上的反战意识打动了他的良心，反正他表示相见恨晚！

再说说商界，名声赫赫的日本松下电器创始人松下幸之助先生就是《孙子兵法》的铁杆粉丝。这位经营之神对《孙子兵法》的推崇可算到了"走火入魔"的境地。他要求手下员工人人学习《孙子兵法》，最好能倒背如流，为此，他的解释是，"《孙子兵法》是天下第一神明，孙武是天下第一神圣，我辈员工必须顶礼膜拜，认真背诵，灵活运用，公司才能发达。"还有美国"汽车大王"罗杰·史密斯，他带领福特公司一步一步迈向成功，成为世界汽车行业中的顶尖品牌。而这位牛人多次在公开的演讲中轻描淡写地说："我成功的法宝就是《孙子兵法》！"

外国人尚且如此热忱追捧，可想而知，《孙子兵法》对中国人的影响力是有多深了。很多中国人或许没有认真阅读过，但是，其中的某些只言片语、某些观念却在一代又一代的传承中被内化到了骨子里。那么，且让我们来看看，这孙老爷子是何方神圣，竟然有这么牛掰？！

在很久很久以前，也就是中国第一个兵荒马乱的大时代——春秋战国时期，一个月黑风高的夜晚，一声啼哭惊动了齐国孙府上下，同朝为官的孙书、孙凭俩父子火急火燎地往家赶。当下人将刚出生的孙儿送到孙书怀中时，他老泪纵横，望着襁褓中的孙儿对孙凭说："这孩子就叫孙武吧，字长卿！"孙凭一听，高兴地接话："止戈为武，好！古语云，武有七德，禁止强暴、消灭战争、保持强大、巩固功业、安定百姓、协和大众、丰富物产。父亲，您是希望他日后可以在乱世中发挥武德，建立一番功业啊。"

背负着祖父和父亲的期望，孙武一天天地成长。年少时，他便对行军打仗表现出空前的热情，常常纠缠着孙书、孙凭给他讲战争故事。后来，为了逃避祸乱，他爹孙凭举家移民到了南方的吴国。一到吴国，孙武就去拜见了仰慕已久的伍子胥，两人一见如故。经过伍子胥的推荐，孙武顺利得到吴王的召见。这一天，他拿着简历以及辛苦写出的"兵法十三篇"去毛遂自荐，希望可以在吴王手下谋得一官半职。吴王阖闾不是好忽悠的，看完兵法十三篇后对孙武半信半疑，行，是骡子是马拉出来溜溜，就问："先生的兵法可以用在妇人身上吗？"

孙武不知道吴王肚子里卖的什么药，只有硬着头皮答应："可以！"于是吴王召集两位宠妃以及宫女一百来号人，交给孙武训练，要求他把她们训练成一支强有力的军队。吴王这是典型的出难题，没办法，谁让人家是大 Boss 呢？面对一群零基础的女子战队，孙武一番交代之后，一二三四，开始了行军口令。这些养尊处优的嫔妃和宫女，听着孙武的号令，不时哈哈大笑，把训练当成了无聊宫廷生活的点缀。好家伙，老虎不发威，当我是病猫？孙武一番训斥，说再不听话就会处罚队长。可队长偏偏就是吴王的两个宠妃，处罚吴王的宠妃，开玩笑，你够胆？大家没有当回事，面对孙武的行军口令，依旧玩世不恭，笑得前仰后翻。孙武发飙了，直接下令，将两个队长拖去砍了。面对吴王派来说情的人，他一句"将在外，君令有所不受"，硬是让吴王的两位宠妃人头落地。众人震慑，随后的训练也顺风顺水。最终，孙武兑现了对吴王的许诺，训练出一支强有力的女子战队。

说起《孙子兵法》，很多人简单地以为这是一本战场指导手册，是教人打胜仗的最佳指南，所以，现代人阅读它，是希望学到如何在战场中赢得胜利的思想或方法。其实，如果只是如此，《孙子兵法》真心被你误会了，很严重地误会了。

在短短六千余字中，孙老爷子不止一次警醒世人：战争很可怕。到底有多可怕呢？在"作战篇"中，孙老爷子就拨弄着算盘一点一点地告诫道：出兵打仗是烧钱，士兵吃饭要钱，战车要钱，武器装备也要钱……各种烧钱的利器算下来，一天得花费好多好多钱；而且，战争不是打一天两天的，长的打几年，短的也要个把月，算算，多少钱？更何况，花了这些钱，还未必保证一定能打胜仗呢！要是打输了，钱没了，人也没了，还得低头哈腰给人跪下唱《征服》，——这打仗的危险系数太高了，不是谁头脑一发热，一巴掌拍在桌子上就完事的，不了解战争会带来什么巨大的危险，还是乖乖回家种地去，打个毛线！

再来看看"谋攻篇"。在孙老爷子眼中，最牛掰的胜利不是带着一票人马雄赳赳气昂昂地去秒杀敌人，而是"不战而屈人之兵"。换句话说，就是不用发动坑爹的战争，敌人就乖乖赔礼道歉。这种拼脑细胞取得的胜利才是真正的胜利，用拳头是万不得已的情况下才干的事。

到了兵法十三篇的末尾，孙老爷子在介绍完了火攻技法之后，很突兀地剑走偏锋：天干物燥，小心火烛，除了实打实的火，做老大的，还得小心控制心中的怒火。怒火攻心就发动战争，典型是不作死就不会死。怒火嘛，一会儿就过去了，照样该笑笑，该吃吃，该睡睡，可要是因此就抡拳头干上一架，估计结局就很悲催了，人死不能复生，国亡不可复存！

当然，围绕"打胜仗"这个主题，《孙子兵法》主要还是在研究如何搞定敌人成就自己，不过这并不能抹杀它字里行间对战争的恐惧与对和平的向往。可惜，后世的很多人看《孙子兵法》，更多的是去看胜战攻略，有意无意地忽视了孙老爷子对战争的警告。生活在和平年代的我们，更是将《孙子兵法》歪曲成了各个领域的生存指南，尤其被与时俱进地打造成了企业管理者搞定下属的不二利器，或是处理人际关系的致胜法宝……他们从《孙子兵法》中抽离出来只言片语，或无视孙老爷子的告诫，或曲解其中的意义，总之为自己的行为与思想找到了牛掰的靠山，反正"孙子说的"，然后"知己知彼，百战百胜"有了，"商场如战场"也出现了，还有好多好多貌似"正确"的观点也攀上了孙子这位高大上的亲戚！要是孙老爷子能苏醒，一看这架势，保证哭得泪流满面，捂着胸口哀伤地表示：心塞！

附：《史记·孙子吴起列传》（节选）

孙子武者，齐人也。以兵法见于吴王阖庐。阖庐曰："子之十三篇，吾尽观之矣，可以小试勒兵乎？"对曰："可。"阖庐曰："可试以妇人乎？"曰："可。"于是许之，出宫中美女，得百八十人。孙子分为二队，以王之宠姬二人各为队长，皆令持戟。令之曰："汝知而心与左右手背乎？"妇人曰："知之。"孙子曰："前，则视心；左，视左手；右，视右手；后，即视背。"

妇人曰："诺。"约束既布，乃设铁钺，即三令五申之。于是鼓之右，妇人大笑。孙子曰："约束不明，申令不熟，将之罪也。"复三令五申而鼓之左，妇人复大笑。孙子曰："约束不明，申令不熟，将之罪也；既已明而不如法者，吏士之罪也。"乃欲斩左右队长。吴王从台上观，见且斩爱姬，大骇。趣使使下令曰："寡人已知将军能用兵矣。寡人非此二姬，食不甘味，愿勿斩也。"孙子曰："臣既已受命为将，将在军，君命有所不受。"遂斩队长二人以徇。用其次为队长，于是复鼓之。妇人左右前后跪起皆中规矩绳墨，无敢出声。于是孙子使使报王曰："兵既整齐，王可试下观之，唯王所欲用之，虽赴水火犹可也。"吴王曰："将军罢休就舍，寡人不愿下观。"孙子曰："王徒好其言，不能用其实。"于是阖庐知孙子能用兵，卒以为将。西破强楚，入郢，北威齐晋，显名诸侯，孙子与有力焉。

第一章　始计篇：

打仗很重要，出兵需谨慎

孙子曰：兵者，国之大事，死生之地，存亡之道，不可不察也。

故经之以五事，校之以计而索其情：一曰道，二曰天，三曰地，四曰将，五曰法。道者，令民与上同意，故可与之死，可与之生，而不畏危也。天者，阴阳、寒暑、时制也。地者，远近、险易、广狭、死生也。将者，智、信、仁、勇、严也。法者，曲制、官道、主用也。凡此五者，将莫不闻，知之者胜，不知之者不胜。

故校之以计而索其情，曰：主孰有道？将孰有能？天地孰得？法令孰行？兵众孰强？士卒孰练？赏罚孰明？吾以此知胜负矣。

将听吾计，用之必胜，留之；将不听吾计，用之必败，去之。

计利以听，乃为之势，以佐其外。势者，因利而制权也。

兵者，诡道也。故能而示之不能，用而示之不用，近而示之远，远而示之近。利而诱之，乱而取之，实而备之，强而避之，怒而挠之，卑而骄之，佚而劳之，亲而离之，攻其无备，出其不意。此兵家之胜，不可先传也。

夫未战而庙算胜者，得算多也；未战而庙算不胜者，得算少也。多算胜，少算不胜，而况于无算乎！吾以此观之，胜负见矣。

始计讲什么？

始计篇算是《孙子兵法》的眼睛，透过这双眼睛可以窥见兵法的大概。其中，孙老先生说，打仗可是大事儿，不能跟打架混为一谈。打架的话，头脑充血，一拳下去，打不过大不了跪地求饶，在战场上，打不过结局可就悲催了。战场不如商场，这里不行就换个地儿东山再起？门儿都没有。

一场战争关系到一个国家的兴衰存亡，关系到千千万黎民百姓的生老病死。在战场上，失败不是成功他妈，不会给你机会总结经验教训然后再来一次。战争是一架巨大而冷酷的绞肉机，战场上的一次失败，意味着成千上万的人马沦为孤魂野鬼，意味着大片国土沦亡。特别是今天，一颗导弹"呼啦"过去，一座高楼林立、车水马龙的城市转瞬间就会变成尸横遍野、断壁残垣的焦土……那景象光是想想都叫人两腿直哆嗦。所以说，打仗很重要，出兵需谨慎。

谨慎，必须谨慎，一巴掌拍在桌子上吆喝一声"跟他大爷的拼了"可不行。你得想了又想，全方位思量清楚，确定这场战争你胜券在握，不然还不如装孙子！至于想什么，怎么想，孙圣人严肃地告诫，从五事七面十二诡道去研究研究，你就明白这仗能打不能打了。

哪五事？政治，天时，地理，将领，法度。

很多人说，孙圣人糊涂，政治换成"人和"更好。其实不然，孙老先生这政治包含了人和，又高于人和。要看人民百姓跟你是不是心往一处想、劲往一处使，要看人民百姓能不能在你的号召下齐心协力办大事。一句话，要走群众路线，打好群众基础。这是长期工作，不是逢年过节送红包，开大会时声泪俱下说几句暖心话能搞定的，更不是自编自导自演好领导的戏码能蒙混过关的。专门拼人品的做法也不行，还得有能力带领大家干实事，做大事。不然，整个就跟搞传销一样，精神倒是挺抖擞的，物质基础压根没见着，早晚还得摊上大事。

所谓天时，就是天气时令了。不说战场，就说生活中，去严寒的北方看冰雪世界偏要穿着帅气的风衣，去赤道地区游玩非得裹着小夹袄，这不是吃饱撑着了，就是脑袋被挤坏了。至于战争，开打前这些信息可不能小觑。我方战场姑且不论，可敌方战场气候怎样就得细加考量了：夏天是风和日丽，还是烈日炎炎？冬天是零下40度，还是和风细雨？派出一支侦查小队，马不停蹄赶往目的地，结果近些日子全是大雾萦绕，什么都看不清，侦查个屁！或是组织几十万人马准备拿下某地，为此还专门准备了 N 箱方便面，结果到了战场一看，黄沙漫天，水都没有一滴……这些都是无视天时的作死节奏。

掌握地理的信息也很重要，战场是远还是近，是一马平川还是爬坡上坎，是阳关大道还是阴森丛林，最好有一份详细准确的实时地图，别战争开打了，前方将军要一张战时地图，你给一张国家公园的规划示意图，或是两个世纪前的手绘地图，保不准那将军当场就吐血身亡，边吐血边问候你祖宗。

将领方面，更得好好琢磨。总不能每次鸡毛蒜皮的战斗都得最高领导人御驾亲征吧！为了打个仗，其他国家大事都撂一边了，老婆孩子也撂一边了，这可不行。所以，选贤任能很重要，不行就举行一场风风火火的"中国好将领"选拔比赛，各路英雄豪杰拉出来比试比试，择优录取！选拔好将领的标准是什么？大约也就五个指标：智商是否达到足智多谋的境界；人品算不算诚实忠信；对手下有没有仁爱之心；胆量够不够大；治军严不严明。脑细胞数量不够的不能选，不然回头你得被他气得七窍生烟。人品不过关的更不行，直接带着你的几十万人马倒戈相向，到时候你哭死都没人理。对手下很凶残的也不好，张飞就是一个活生生的例子，虎背熊腰的大汉，硬是让俩手下给灭了，就因为平时太凶残。胆小怕事的更不是打仗的材料，战斗还没有打响，一军大将先吓得尿裤子了，这场战斗的结局可想而知。五大指标缺一不可，满足五大指标的将领才能称得上是"好将领"。

法度，相当于军队的体系建构。是一个老大带领一群小兵蛋子，还是八个管事的指使一群小兵蛋子？这很关键。军队的组织编制不合理，战斗还没打响，军官内部先杠上了，这支队伍基本算是玩完了。面对这个问题得明文规定，谁管什么事儿，管到哪个点儿。别回头一混乱，负责煮饭的伙夫拧着萝卜跟弓箭手上城墙放箭去了，这问题可就严重了。最后，还得搞清楚，军队的后勤管理制度到位不到位。三军未动，粮草先行，这是老话，后方兵器、粮草供应不上，你是让一群五大三粗的汉子立马去开荒种菜、从事生产呢，还是去抢呢？

五事，从整体上反思你的国家有没有实力跟人家火拼，没有实力就悄悄地夹起尾巴做人，等有实力了再得意显摆。没实力瞎显摆，结局不是自寻死路就是自取其辱。要是五大宏观方面基本都达标了，行，那再深入研究研究，开打之后胜算有多少。这就得看看七面了。

哪七面？老话说得好，知己知彼，百战不殆。七面就是让我们客观地对比敌我双方的优势劣势，以此推算我们的胜算是多少。对比什么，具体点说就是，哪边的老大更得人心；哪边的将领更牛；天时地利方面哪边更占优势；哪边的军队做到了法令严明而且说到做到；哪边的士兵更多；哪边的士兵操练得更强悍；哪边的军队管理实现了赏罚严明。七大问题一一摊开来对比，立马知道敌我双方各自取胜的几率。

经过五事七面的对比，如果还没有明确自己的实力合不合适抄刀子上去打仗，那么孙圣人只能表示这将领智商有缺陷，需要送医治疗，不适合带兵打仗。面对国恨家仇，难免有人头脑上火，要是大将不听孙圣人的计策，硬要在自己实力不济的时候上去跟人真刀真枪地正面对决，结局一定是惨败而归，这号人物，不如让他回家种种菜，消消火得了，省得祸害几十万士兵和成千上万的百姓。

在战场，残酷是不可避免的，残忍是逃避不了的。战场上不评五讲四美，不讲道德人品，更不讲君子之道，这里只讲成王败寇。在残酷的战场上讲美德的人早就变成一缕冤魂哀怨地在空中伤感了几千年。在这里，为了活下来，坑蒙拐骗偷，怎么靠谱怎么干，反正"人至贱则无敌"。孙子说了："兵者，诡道也。"说白了，就是火拼计谋手段脑细胞的本事，在实力的基础上看谁够狠够贱。别说什么文明道德，战争向来都是拉低人类文明水平的不二利器。在此，孙子还给大家总结了十二诡道，也算是实施计谋手段的大方向。

十二诡道具体是什么？如果我们实力不弱，就假装老弱病残；本来打算去打对方的，还假装去人家地界上旅游旅游，放松心情；说好了打这边，我们偏声势浩大地往那边的那边运送武器弹药；如果准备打那边的那边，就往这边输送点专业"演员"。总之，让敌人摸不清情况，越乱越好。敌军要是贪钱，我们就往地上大把扔硬币，看砸不死他们。敌人那边要是着火了或闹鬼了，我们要昧着良心趁机出手，千万不要不好意思。敌人要是人多力壮，我们就得小心提防了；敌人要是来势汹汹，势如破竹，那我们好汉不吃眼前亏，能躲就躲。如果敌军将领是个暴脾气，那好办，尽情地调戏他，骚扰他，挑逗他，搞得他心烦意乱，神经衰弱，无暇顾及战场上的军情变化。敌军将领要是一个眼睛张在头顶上的家伙，一般人不放在眼里，那也好办，使劲装孙子，让他彻底看不见我们这些"小人物"。敌军要是安好营寨养好精蓄好锐了，我们就得花点心思让人起来运动运动，最好动到他们精疲力竭为止。敌军要是团结一致，万众一心，我们就得想点阴损的办法，让他们自己人对付自己人，最好两败俱伤，如此这般，我们才好坐收渔翁之利。总之，要打就打毫无防范的地儿，最好是去人家做梦都想不到的地方。

总之，打仗是要人命的大事，不能脑袋一充血就拍桌子决定开打。开打前得使劲琢磨一下，五事七面自己占多大优势，胜算大不大，最后还得研究对比一下敌我双方重要计谋人才脑细胞数量，是周瑜的就别跟诸葛亮死磕。如此这般一算计，战与不战心里有底了，战的话赢面多大心里也有底了。所以，始计的关键就是算计，算多算少从一开始就决定了一场战争的结局，更何况那些一拍脑门干革命的傻帽，想要赢得胜利简直就是痴人说梦。

被玩坏了的"勇者无敌"

孙子说了，选拔好将领有一个重要的指标——勇。勇气可嘉的人才能担当大任，勇者才能无敌。胆小鬼遭遇"鸭梨"，两腿直哆嗦，怎么干大事。所以，"勇者无敌"，在某些时候是正确的值得肯定的逻辑理论。

人活着，总会遭遇这样那样的压力，学生被逼着上学读书做作业，好不容易考上大学，就业压力接踵而至，毕业之后更是压力山大，工作压力之外，亲朋好友还得追问："有没有对象啊？没有，不抓紧准备挑别人剩下的？年纪不小了……"很多哥们被逼得没办法，惊现诸多神回复："我女朋友还没离婚呢！不急。""女朋友没有，我有男朋友！"好嘞，要是你结了婚，接下来大家又该追问："有没有小孩？""你们家孩子成绩怎么样？"……

人生，总是被各种压力推着走，要想绝对地翻身做主，做梦！如果以上这些压力已经让你喘不过气，这只能表示哥们你等级不够。大胆顶着压力前进，这才是勇者作风。人家不是说了嘛："狭路相逢，勇者胜！"你别说，在正常的范围以内，这话还说得真真的好。不过，任何一种理论，一旦越轨，跨出自己的界限，就感觉味儿不对了。

【狭窄小巷里】

本田车主对堵在巷子口的宝马车说：会不会开车呀？我后面都堵死了，让不开，你往后挪挪。

宝马车主：挪你妹，巷子就这么点，谁让你丫偏要进来堵着，堵吧，没事，反正我不赶时间！

本田车主：你这人怎么这样……

宝马车主：怎样，别以为老子是怂包，惹毛了小心揍你。

本田车主：有种你揍，我要怂了是你孙子。

一场彰显勇气的武斗轰轰烈烈地开始了！

【公路上】

电动车车主：这么大的圆桌，怎么运？

女主：简单，我背对着你坐后面，双手扶住就行了。

车主：很危险吧！

女主：怕什么？勇敢点，看我的！

【商场】

会计：公司的债务危机，你打算怎么办？

王总眉头紧锁，大口大口地吐着烟圈，说：要不……先把部分商品房抛售出去，弄点钱？

会计：可是我们还没有拿到《商品房预售许可证》，被逮到就糟了。

王总：怕什么！这年头，饿死胆小的，撑死胆大的，放手干！

……

人生没有一帆风顺，绝境逼近，眼前一黑，真不知如何是好。很多未经世事的年轻人，一开口便滔滔不绝地自诩勇气可嘉，吹嘘自己的种种辉煌，貌似在他们眼里，勇者是很强悍的存在。他们在即将步入商场时，往往意气风发，就像即将出征的战士，胸中是满满一腔"勇者无敌"。不独年轻人，我还在某培训会场听到一位企业家表示："做生意要成功，就要做强盗，我是强盗我怕谁。"细细忖度，就会发现"勇"这个兵法中挑选将领的重要指标，其品质居然一路下滑，成了某些人自抬身价的砝码。

勇者无敌？多么可笑的论断！除了年少轻狂的快意，生活中它到底给我们留下了什么？比赛时跳远，我们可以勇者无敌，如果前面是万丈悬崖，还能勇往直前地腾空一跃？球场上面对旗鼓相当的对手，自然可以豪迈地吆喝一声"大胆一步向前走"，如果面对的是熊熊的山火，又怎鼓动每个少年郎像赖宁一样葬身火海？"勇者无敌"是一句豪迈的口号，分分钟可以调动热血人儿体内躁动不安的血液，可是，真正的"勇者"需要的不仅是鲁迅笔下敢于直面惨淡的人生，敢于正视淋漓的鲜血的胆识，还需要认清形势的"略"，更需要坚守道德与法律的底线，否则就只是一个随时可能坏事的莽夫而已。

就说德国前主帅克林斯曼，大胆接手已经沦为烫手山芋的德国队，然后大刀阔斧地进行改革，炒了迈耶尔，用莱曼取代了巨人卡恩，坚决开除掀骂战达人沃恩斯，以及抛弃了为世界杯而选择德国队的库兰伊……他被评为拥有超人勇气的教练。一路上，面对足协的质疑以及德国足球传统势力的挑衅，甚至是德国民众的谩骂，克林斯曼都没有半点退缩，依旧勇敢前行。也是，连烫手山芋都敢接，还有什么是他不敢的呢？可是，他做梦也没有想到，他的勇敢把他带入了四面楚歌的境地，世界杯还没有开打，德国人就已经掰着手指头给他数下课倒计时了。最终他只能带着四面八方的诅咒凌乱地离开。

某天，警察冲入张某租住的房子将他逮捕，为什么？张某曾在湖北老家经营着一家小有规模的药房，小日子过得有滋有味。不料天降横祸，一次失手，他欠下了80多万的货款。为此，一家人顿时从天堂跌进地狱，追债的电话一个紧跟一个，债主一拨接着一拨，容不得他有半分喘息机会。屋漏偏房连夜雨，就在此时，他老婆还被诈骗电话骗了5万多。坑爹啊，等等，诈骗？张某把心一横，决定放手一搏。那么多骗子横行江湖，自己无奈之下干上一票，还完债就收手，不会那么倒霉的！于是他伙同老婆精心布置了一场场征婚骗局，骗得钱财 70 余万。还没等他收手，警察就铐住了他的双手。

曾经多少人在困境中本着"明知山有虎，偏向虎山行"的气势放开胆子折腾，有的留名青史，有的遗臭万年，都是"勇"，关键是一个"度"字，在"度"内的确"无敌"，"度"外就不好说了。越出界限，"勇者无敌"瞬间成了强盗杀人放火抢银行，坑蒙拐骗偷的借口，孙圣人泉下有知，心塞不已！

无处不"战场"

孙子对战场的评价是："兵者，诡道也。"直接点说，在战场上坑蒙拐骗偷都不是事儿，这里不拼道德，不讲人品，人至贱则无敌。于是，浩瀚的历史长河里出现了一道华丽丽的证明题。

【题】请证明，干坑蒙拐骗偷的人不是坏人。

∵孙子说，"兵者，诡道也"。

∴在战场上坑蒙拐骗偷的不算坏人。

∵商场竞争激烈，弱肉强食，残酷冷血……（此处省略几万字）

∴商场如战场。

∵在战场上坑蒙拐骗偷的不算坏人。

∴在商场上坑蒙拐骗偷的也不是坏人。

同理，因为官场、考场、赛场等等竞争激烈，弱肉强食，残酷冷血（此处又省略几万字），所以，官场如战场，考场如战场，赛场如战场……所以，所有坑蒙拐骗偷的人都不是坏人。

好精彩的一道证明题！瞬间，无处安放的良心得到了莫大的慰藉，坑蒙拐骗偷得到了正面的伪装，堂而皇之地侵吞着我们的善良。

翻开有关商战的书籍，或搜寻一下"商场如战场"的关键字，分分钟跳出满屏的商场与战场残酷性对比来，最后的结论都是千篇一律，曰：商场如战场，不，商场就是战场。这些观念，哪怕不合逻辑，一旦成为大多数人公认的真理，自然有无数前仆后继的继承者。其中一个首当其冲的大粉丝就是名震四海的南德"巨人"牟其中。对于这位准备将喜马拉雅山炸开一道口子的牛人，我们貌似还有些许记忆。他绝对是"商场如战场，治企如治军"践行先锋，人家管理南德集团，奉行"进门者，放弃一切自治"的宗旨，要求员工统一住在门头沟的宿舍里，晚上派人不定时查房，但凡不按规定在宿舍住宿或者私自留宿他人者第二天都会"享受"相关管理部门的亲切接见；还要求员工时刻保持与大集体一致的思想，切记服从的天职。1995年，为了统一公司全体人员的思想，牟老板甚至在南德集团内部搞了一次颇有声色的"整风运动"，被他视为异己的人全都"负分滚粗"。据说，在牟其中的"帝国"里，开会大家穿着清一色的军大衣，尽可能地实现军事化管理。这种军事化管理让南德集团以最快的速度崛起，又最终以最快的速度倒下。牟其中这位大粉丝对于"商场如战场"理论的贡献是实打实的。

对内，今天牟老板召唤A进办公室，说：你最近表现不错，升任为XX部门的一把手，好好干，一年后让你成为南德的明星，做我的副手。明天召唤B进办公室，说：我觉得你的能力更强，A下去，你顶替他的位置，全力协助我搞好生意，好好干，半年后让你坐南德的第二把交椅。A表示不满，问：牟总，你昨天升我职的时候承诺过，只要我好好干，回头……牟其中表示：承诺，是什么东西？能吃吗？

对外，牟其中曾带一票人马风风火火地赶到重庆大学演讲，整个会场人山人海，然后，他豪迈地表示："为了发展好重庆的本地经济，我们得把拥有重庆特色的麻辣烫搞起来。所以，在此，我牟其中承诺，投资2亿元建立重庆麻辣烫火锅公司，推向世界各地，要在5年内做到年销售100亿元人民币。"演讲在雷鸣般的掌声中结束，在各大媒体的宣传中发酵。每个重庆崽儿都翘首以盼，耐心等待着他带领重庆经济腾飞。然后，就没有然后了。如果有人询问下文，牟老板也会天真无邪地问：我说过这话吗？

很多南德集团的员工以及跟牟其中有瓜葛的人都出书表示，这类"承诺"比比皆是。欺骗？如果你认为这是活生生的欺骗，那你就错了，不少牛人表示，这不是，商场如战场，很残酷，杀人放火抢银行都是正常不过的手段，欺骗算什么。

要是你认为把"战场"玩坏的粉丝大多集中在商界，这就大错特错，就说"友谊第一，比赛第二"的竞技场，也有不少忠实脑残粉。还记得中国田径史上的传奇教练马俊仁吗？这位传奇教练用强硬的作风和军事化管理成就了中国田径史上成绩显著中长跑女队，人称"马家军"。面对中长跑女队中那些花样少女，马俊仁残酷地要求，整队必须清一色的运动服，一式的学生男孩般的短头发。残酷的军事化管理，让马家军成为田径史上的传奇，横扫多项奖牌，并多次打破世界记录。可是谁也没有想到，这整齐划一的背后隐藏着一个"为了赢可以不择手段"的恶魔，这个恶魔最终吞噬马俊仁以及风光无限的马家军。在他们看来，赢得比赛就是一切，在残酷的赛场上，偷偷利用兴奋剂来获胜怎么了，"公平公正公开"，那都是场面话！最终，马家军因偷食兴奋剂而违反了赛场的相关规定，彻底断送了自己的赛场生命，一代传奇教练也就此告别了教练生涯，转行养狗。

或许，商场、官场、赛场、考场等等都有那么一丢丢与战场雷同的相似性，但是这些相似性不足以让它们成为没有法律约束，没有道德限制的战场，用"战场"来隐喻商场等地的激烈竞争显然夸大其词。任何时代，战争都是法律道德崩坏的混乱场地，都是拉低人类文明水准的绝技。"商场如战场"、"官场如战场"……这些论断让很多人轻而易举地掉入思维陷阱，弱化"如"的含义，把商场上激烈的竞争跟战场上鱼死网破的残酷划等号，其实战场的残酷随随便便就可以甩商场、官场几条街。在残酷的战场上，没有一丝约束，没有法律底线，没有道德标准，只有输赢，然后由赢家来制定生存法则，而我们的周遭却不尽如此，这里有法律的约束，有道德的制约，有既定的生存规则，这里可以优化资源，实现双赢！

商场也好，职场也罢，竞争在所难免，我们生活的大环境不是硝烟弥漫的战场，并非要斗个你死我活。无论什么场，都是社会大环境的一个角落，必然要遵守社会应有的法律道德体系。没有谁可以孤单地存在，用"如战场"的论断片面地定位社会与自我，只会让自己在干坏事时找到合适的借口说服不安的良心，在败坏道德水准时找到一个绝佳的托词。

"算计"不是这么玩的

《始计篇》的最后，孙子意味深长地感叹："多算胜少算，而况于无算乎！"这话说得地道，"算计"的确很重要，挖口井，得事先勘察地形，不然到沙漠里挖，何年何月能搞定？开办一家公司，开展一个项目亦是如此，事前不进行相关市场调查，不考虑竞争对手的多寡以及自己的优势劣势，运气好估计能顺风顺水，运气一般就只能在残酷的竞争中捉襟见肘，举步维艰了。事前进行精密周全的调查考量，能够让我们少走弯路。当然，人算不如天算，计划赶不上变化，但是前期详实的准备工作至少能让我们有所准备，小心脏不用经受大幅的三级跳。

计算得越多越细，胜算就越大，这就是孙子常说的"知己知彼，百战不殆"。注意，是"百战不殆"，而非"百战百胜"，经过精密的数据搜集、情报分析而计算出的战略战术只能保证不受伤，不轻易输掉。如果现在让很多人来完成一道填空题，"知己知彼，（　　　　）"，绝大多数一定填"百战百胜"。别小看这一字之差，问题严重了。一个字，直接让"算计"一词从中性变成贬义，让孙圣人的算计思想蒙上了一层邪恶。

前些年，要想成为一名"出色"的出租车司机，必须得懂一些行业生存法则，例如：第一，接到乘客的第一时间头脑中要明白走哪条路能多赚钱。条条大路通罗马，直线未必比弯路靠谱，至少自己会少赚很多。第二，一部车，四个座，拉一个乘客是拉，顺道多拉一个乘客也是拉，自己还能赚双份。要是首先上车的乘客有意见，那好办，横眉冷对千夫指，告诉他，拼车是行业潜规则。第三，要是拦车的乘客走的是近途，无利可图，更好办，直接吆喝一声"加油"、"换班"，扬长而去，乘客压根没办法说他拒载。具体点说，作为"专业"的出租车司机，得想方设法提高自己单位时间里的吸金能力。说好的服务质量呢？面对这个问题，出租车师傅会无辜地问，这是什么？能吃还是能喝？头脑如此聪明，心思这般缜密，设计这么精巧，孙圣人表示，开出租屈才了。

再说说某些知名的旅游景区，这情景让人如何评价是好——

外地游客（指着鱼缸里的鱼）：这怎么卖的？

店员1（麻利地捞起一条过称，然后丢给店员2开始开膛破肚）：680一斤，一共5斤。

外地游客（惊恐地看着被弄死的鱼）：唉，我就问问，还没定呢！

店员1（火冒三丈）：啥？鱼都死了，你不要了，那这鱼怎么办？

外地游客：我刚刚就问问而已，没说要，再说，你们这价也太宰人了。

店员1：@#￥#%￥%……

游客要是不认宰，好办，店里会出现几个五大三粗、虎背熊腰的店员，那气势直接告诉你，此地不容外地人嚣张。很多游客觉得人在异乡，多一事不如少一事，只好乖乖掏钱认栽。要是遇到胆大的，偏要报警求公道，那也好办，上面的过程添油加醋一番描述，你还真说不清这鱼是你要定了之后反悔了，还是店员让你被消费了。反正店家的鱼已经横尸案板，游客不赔偿点损失，店家表示心灵很受伤。

和旅行社的固定路线相比，很多人更喜欢且走且留的随意，但是害怕被宰，只好委曲求全。都是中国的地界，外乡总透露出丝丝江湖险恶的味道。不少高人将算计运用得炉火纯青，一步一步设计精巧，见招拆招，坑你没商量。

南昌市某保健食品公司大张旗鼓地在各个小区张贴通知：为了回馈社会，公司决定举办一次公益活动，组织社区的老年人免费"健康一日游"，想参加的老年人凭身份证登记家庭住址等信息之后直接领取乘车证，全程免费，而且提供一顿免费的午餐。这好事，自然不容错过，社区很多老年人都积极报名，然后兴高采烈地登上公共汽车开始一天的免费旅游。主办方相当热心，吃完午饭，开始给老人们提供免费的健康检查。一群白大褂开始忙碌地量血压，听心脏。这不查不知道，一查吓一跳，所有老年人，不是高血压，就是癌症早期，情况十分紧急，不及早治疗早晚得嗝屁，搞得人心惶惶。接下来，主办方开始推荐来自美国的独家保健品。这保健品牛，号称价值百万，堪称世界顶级，有病治病，没病强身。不少老头老太太禁不住忽悠，纷纷掏腰包，个别顽固的还由工作人员实行重点征服，反正非得购买传说中的保健品不可。

很多老人说："因为是免费旅游，所以没带钱，有些身上只有 15 元钱。"公司可算是张艺谋半夜拨算盘——老谋深算，没带钱好办，身上只有 15 元是吧，一盒产品 248 元，除开之后还欠公司 233 元，白纸黑字写下欠条就行。回头销售人员会"热心"地根据登记的信息上门服务，拿着欠条收余款。要是觉得产品没效果，要求退货，那不行，"按照公司规定，活动中的商品不办理退货手续，请见谅！"这一道摆得 360 度无死角，任何问题都被他们算计好了，让受害者无处遁形。

这些算计达人可算是把孙子的"妙算"思想玷污了。"算计"华丽丽地从开展工作前做好充分的调查研究并且制定几近完美的计划演变成了 360 度无死角地坑蒙拐骗，让人不能直视。

"商场如战场"、"勇者无敌"之流在诡辩逻辑的加工下，华丽变身为合理的存在，因为竞争激烈如战场，所以无节操地算计他人，因为勇者无敌，所以无底线地弄死对手……这些诡辩逻辑成功祸害了我们 N 多年，貌似也该收手了！

第二章　作战篇：

君子爱财，取之有道

孙子曰：凡用兵之法，驰车千驷，革车千乘，带甲十万，千里馈粮。则内外之费，宾客之用，胶漆之材，车甲之奉，日费千金，然后十万之师举矣。

其用战也胜，久则钝兵挫锐，攻城则力屈，久暴师则国用不足。夫钝兵挫锐，屈力殚货，则诸侯乘其弊而起，虽有智者，不能善其后矣。故兵闻拙速，未睹巧之久也。夫兵久而国利者，未之有也。故不尽知用兵之害者，则不能尽知用兵之利也。

善用兵者，役不再籍，粮不三载，取用于国，因粮于敌，故军食可足也。

国之贫于师者远输，远输则百姓贫；近于师者贵卖，贵卖则百姓财竭，财竭则急于丘役。力屈、财殚，中原内虚于家。百姓之费，十去其七；公家之费，破车罢马，甲胄矢弩，戟盾蔽橹，丘牛大车，十去其六。

故智将务食于敌。食敌一钟，当吾二十钟；其秆一石，当吾二十石。

故杀敌者，怒也；取敌之利者，货也。故车战，得车十乘已上，赏其先得者，而更其旌旗，车杂而乘之，卒善而养之，是谓胜敌而益强。

故兵贵胜，不贵久。

故知兵之将，生民之司命，国家安危之主也。

作战就是烧钱

作战就是烧钱，打仗是撕破脸的事儿，没什么感情可讲，在战场上谈钱不伤感情，战争都是大把大把烧钱的游戏。不信，瞅瞅兵圣孙武的教诲。

要兴兵打仗，得有成千上万的战车，还得有成千上万的补给车，更得有至少几十万的士兵，这些要钱不？要，大把大把地要。这些都有了还不行，没有粮草补给，你让前线士兵找阎王爷要呢还是去抢呢？"兵马未动，粮草先行"。这是老话，没有足够的粮草补给，士兵就吃不饱饭，让一群饿得四肢无力的士兵去打仗，逗人笑呢！粮草补给是一大笔钱，一人一包方便面的配置是不行的，再加根火腿肠也不行，前线打仗那是力气活儿，大鱼大肉的标准达不到，至少得有荤有素吧。除了吃的，还得给士兵准备穿的衣物铠甲，总不能让一群大老爷们穿着大裤衩去逗乐！就算只有大裤衩，那也需要很大一批布料，很大一笔钱。此外，打仗不是去旅游，带足吃的喝的穿的用的就行，没有武器，到时候两军对阵，你是让大家用唾沫星子淹死敌人哩还是用眼神杀死敌人？屠龙刀、倚天剑指望不上，至少得给士兵配备基本的刀枪箭戟矛。要是现在，飞机坦克大炮装甲车AK-467等等，哪样不是烧钱的家伙。要是战车武器装备都准备齐全了，行，直接上战场？做梦，开拔前不得请几十万士兵吃顿饭，开开动员大会鼓舞鼓舞士气。请客吃饭也要钱，而且几十万人马，这数目小不了，总不能一人俩馒头或俩花卷打发了吧！别以为部队开赴前线了就不用钱了，这只是个开始，做好砸钱的准备吧！

这么一大队人马，每天花费着大把大把的金银，要是在前线不速战速决，真心作死。战线拖得越久，士兵就容易疲惫不堪，士气低迷，一旦要攻占城池，大批大批的冤魂赶赴阎王殿，士兵数量大幅锐减也不是个事儿。而且长期在外作战，再土豪的国家也吃不消。铁血男儿都赶赴战场了，国库也被折腾得揭不开锅了，其他国家还不趁火打劫，一旦如此，就算把上下五千年的所有智者都穿越过来也回天无力。所以，打仗这事，得速战速决，能秒杀就秒杀，拖不得。时间就是生命，在战场上浪费时间就是荒废生命，世界上还没有一个国家年年兴兵打仗还能继续得意显摆不叫苦的。总之，战场上速度是老大，战争打得越久，国家人民的损失越大，不知晓其中利害的人永远也不明白战争的真正意义。

开源节流算是好将领的重要本领。具体点说，首先不要一而再再而三地征兵入伍，不然青壮年都上战场了，国家的经济怎么办，一国的老弱妇孺由谁来照顾，继承者们从哪儿来。此外，也不会多次要求后方运送粮草，来来回回的，运费不是钱？擅于领军打仗的战将得会一项重要技能，低俗点说就是"此路是我开，此树是我栽，要打此路过，留下买路财"，当然了，军队不能干这么没技术含量的活儿，不过原理差不多，攻下一座富庶的城池，先把前任政府的家当清点清点，不够，好办，百姓得交点"保护费"，等等，口误，军队怎么能收保护费呢！上税，行车税、走路税、睡觉税、吃饭税、喝水税……这么一闹腾，本国经济没有受影响，军队的财政危机也解决了！

这么多金银珠宝、吃的喝的都从大后方运过来，那多要命，国家不得不从百姓手里征集，征集一次人民就得从开大奔的变成蹬三轮的，多征集几次人家还不在心里默默地问候你祖宗。要是路途远，还得搞远途运输，运费得花多少钱？百姓的牛马还有骡子不得不挥泪告别主人，远走他乡，不小心客死异乡的多了去了。这么一倒腾，人民穷，国家也穷。路途近也好不到哪儿去，这么一大部队人驻扎着，严重影响当地的市场供求关系，僧多粥少，物价蹭蹭蹭往上冒，有钱人家也就算了，普通百姓可招架不住。国库空虚，苦的还是大后方的人民大众，要是这么倒腾下去，大家就得闹意见，哪天一不小心擦枪走火，第 N 代陈胜吴广揭竿而起，这问题可就大发了。

等着自己的鸡下蛋是不可取的，战争才刚刚开始，国库和百姓就被掏空了十之七八，路上再耗费点人力物力，维修补充一些武器装备，又花了十之五六。此时，任谁最切身的体会都是，钱就像卫生纸，看着挺多的，扯着扯着没了。因此，精明的将领向来不会坐等后方补给，他们得挥泪告别节操，彻底遗忘人品，果断出手，借别人的鸡下自己的蛋。不管用什么计谋手段，不计较道德人品，总之把敌方的财力物力变成自己的就行。别小看这招，不仅充实了自己，而且掏空了敌人，高！

好将领要能解决经济危机，更能激励广大将士奋勇杀敌。具体怎么做？想法设法地抹黑敌人，挑起将士们心中的怒火，利用谣言告诉广大官兵，敌人诽谤我们，说我们男的个个都是矮矬穷，女的个个长得像土肥圆……总之要大家同仇敌忾向前冲。光愤怒也不行，得有奖励，以此激发官兵们杀敌劫货的兴趣和动力。如此这般，大家才会积极打击敌人，热心收缴物质，到时才能把缴获的战车混编进入大军，补充我方的损失对敌作战。要是抓到俘虏，那敢情好，好吃好喝伺候着，然后想方设法打动他，最好上演一出相见恨晚的好戏或是挑拨出一场不共戴天的苦情大剧，让他们彻底跟前任老大告别，为我所用，关键时候还能提供重要情报或者做向导带路。这样一来，战胜敌人一次，我们的补给就充分一次，人员装备也强化一次，多好。

战场就是一个烧钱的大火盆，所以，打仗得速战速决。持久战不是人人都扛得住的，能秒杀就秒杀，不然有你后悔的时候。深谙用兵之道的将领很重要，一场仗打下来，民众的贫富生死，国家的兴衰成败可全看他的。因此，将领要懂得精打细算，还要明白如何烧别人的钱养自己的兵。当然了，烧钱这事儿，能省则省，别跟钱过不去。

"神速"未必是好事

孙武再三交代，打仗还是老老实实速战速决，时间久了任谁都吃不消，不然到时候抱一把吉他感叹时间都去哪儿了，一票人问候你祖宗，早干嘛去了，这时候伤感顶什么用。速战速决在那个"交通基本靠走，通信基本靠吼"的年代都有了自己的小众粉丝，在我们这个日新月异、飞速发展的时代，更是成为了共识。时间就是生命，谁能在激烈的竞争中成功抢占时间，成为"神速"的代言人，谁就可以站在效率的制高点上耀武扬威。不过，昧着良心提速这事儿就显得不地道儿了。

【某文化单位】

主编：这条新闻够新颖，够劲爆，一定能抓住大众的眼球，好，赶紧换上去，让它明天一早就出现在头版。

记者：可是真实性还没得到证实，我们正努力联系当事人。

主编：只要没有政治问题就行，真实性有什么大不了。

记者：这不科学……

主编：科学？能吃吗？眼球、销量最重要，不赶紧发。如果对手也盯上了，失去独家性，影响销量，你负责？

【某代步车制造工厂】

负责人：加快生产进度，时间就是金钱。

工人：厂长，不能再快了，质量保证不了，顾客用了出事故咋办！

负责人：管那么多干嘛，趁国家还没颁布这方面的规章制度，赶紧赚钱。

工人：可是质量……

负责人：什么质量？你们也在这行里干了好几年了，凭经验嘛，一脚刹车，不转了，合格，多大点事儿。

在竞争激烈的现代社会，为了抢占市场，占据优势，大家都争分夺秒地提高速度，"慢工出细活"早被丢到脑勺后，因为要抢占独家，所以不禁证实的假新闻肆意强奸着公众的眼球，假话连篇的公众媒体越来越掉节操；因为要抢占市场机会，趁政策没有规范的情况下海捞一笔，所以罔顾人命，埋没良知，无视全国各地各种车辆自燃的惊人消息和居高不下的车祸数据。追求速度是好事，快速能让我们在同行中赢得竞争优势，获取胜利先机。可是如果一味地追求速度而忽视质量，只会慢慢地从根本上扼杀我们生存的根基。

瞅瞅近几年的电视剧市场，保准让你偶遇知音一片。多少人开始在空虚无聊中嚷嚷剧荒了？话说这一年出产的影视剧也不少，怎么就剧荒了呢？产量真心不低，不过质量惨不忍睹。故事情节严重考验人民大众的智商之外还不忘把人吓唬得瞠目结舌，一代名将岳飞指挥作战居然用上了解放战争时期的四野战区图，清代阿哥们身边居然有一辆现代小轿车飞驰而过，高耸的宫廷墙壁明艳艳地挂着空调外机……为什么高产量的影视剧中难出一部精品？都是速度惹的祸。

　　一些曾参与电视剧后期制作的人就简单的计算过，短短的一集 40 分钟的好戏需要花大约 40 个小时来拍摄，8 ～ 20 个小时来粗剪，再花 2 ～ 5 小时来精剪，需要 5 小时做特技，9 小时做视频后期批采，还得在花几个小时配音以及声音制作。也就是说，至少需要三天 24 小时不间断的努力，才能捣腾出一集像模像样的电视剧。可是，市场竞争压力大，为了抢占市场先机，大家只能想尽一切办法提高产量，时间嘛，挤挤还是有的，所以，像超人一般的工作人员 29 天完成 200 多天的工作任务，制作出 70 多集电视剧，如此神速不出雷品，你这是做梦呢？有人嚷嚷，别跟哥们说良心，这年头，不提高速度，吃屎都赶不上热的！所以，电视机的质量是越来越好了，电视机里放映的东西却是越来越雷了，剧情考验智商的，配音对不上口型的……看得大家是电闪雷鸣，部部惊心。

　　吃饭太快容易硌着牙，走路太快容易摔跤，赶着去投胎也不带这么火急火燎的，偶尔慢一点稳一点不是什么坏事，不然，报应扑过来的速度也会超乎你想象。多给自己点时间把路走稳了，不是什么坏事，不然就得像那些在上市前狠摔一跤的公司一样磕得头破血流。

　　争取早日上市算是不少有追求的公司翘首以盼的事儿，那翘首的劲儿像极了向往大学这所象牙塔的高考学生。为了上市，不少公司干脆挽起裤腿使劲狂奔，真不担心自己摔个狗啃泥。

龙文教育曾经也算是其中的狂奔者之一。龙文教育是有追求的公司，为了成为首家在 A 股上市的教育培训公司，人家牟足了劲儿，死命地跑，争取跑在别人前头，早日跑进 A 股的大门。

皇天不负有心人，飞奔的路上，龙文教育获得不少投资公司的青睐，得到国内教育产业最大的一笔 PE 投资，合计 4.5 个亿。融资搞定了，接下来就是加速飞奔，争取上市前实现 2000 个分校，行，死命地在各地铺点，早日把分校的数量提高到 2000 个，选地儿砸钱修校区，然后招聘教师跟上大部队一路狂奔。话说，你能保证别人几年内搞定的事儿你能几个月搞定？你能保证海选进来的狂奔者都是合格的运动员？这有点痴人说梦吧？必须是痴人说梦，不然不科学，扩张不到一年，狂奔的路上就出现了诸多障碍物：第一，为了快速扩张，海选而来的教师没有时间通过龙文教育人力资源部原有的招聘选拔制度层层筛选，没有相应的师资水平，有些甚至没有必须的教师资格证，为了上市，龙文教育的领跑者管他是骡子是马，先呈上场面再说。作为搞教育的公司，师资力量上不去，这不是自己作死吗？！第二，教学点的教学资质审批不是你想快政府就跟着快的，为了配合大部队的神速，不管了，先投入使用，回头慢慢补办各种教学资质！这问题大发了，没有教学资质，这属于违规办学。其他的绊脚石我们就不细说了，光这两大致命的绊脚石就能彻底把一路高歌狂奔的龙文绊个狗啃泥，摔得头破血流。回头总结时龙文教育的总裁自己说了，都怪"扩张太快"。又是速度惹的祸！

拼命跟时间抢速度没有错，抢完速度能保证品质还真心让人点一个赞。不过，很多人抢速度倒是一把好手，神速下出来的品质却让人目瞪口呆。青岛胶州湾大桥的修建就曾锣鼓喧天地领衔主演了又一出"速度惹的祸"。大桥的修建者算是脸皮厚到惊天地泣鬼神，为了如期献礼广大人民群众，为了在领导面前博得一个如期竣工的好表彰，人家竟然可以厚着脸皮让还没有彻底竣工的大桥在华丽丽的礼炮声中通车。车倒是通了，可是保护来往车辆的护栏压根没有完工，很多地方螺帽螺栓只是形式，部分护栏上连螺帽螺栓都没有，更强悍的是跨海大桥的部分路段连拦截的护栏条都还没来得及安装，没有护栏问题已经很严重了，更要命的是，整座桥还没有安装一盏照明灯。如果夜半时分，过往车辆一个不小心，黑灯瞎火的，你是让人家直接开进海里游泳呢还是喂鱼呢？那下面可是滚滚而逝的海水！

抢时间，追速度不带这么昧良心的，孙武提倡神速，那是打胜仗的前提下"神速"，"兵贵胜，不贵久"，保证不了胜利，光速都是个屁！如今这般歪曲理解孙武的想法，直接将前提保证忘得一干二净，开着外挂追速度，真心让人伤不起！

下蛋的鸡表示很忧伤

俗话说得好，用钱能搞定的事儿都不是事儿，关键是没钱。打仗也是如此，为了解决没钱的事，孙武提供了一招坑爹大计——"取用于国，因粮于敌"，简单点说，借别人的鸡下自己的蛋。这貌似有点不道义，不过战场上，没办法，讲道义的早拜访阎王爷去了！就说草船借箭，周瑜带着羡慕嫉妒恨故意刁难诸葛亮，三天时间，不给配备工匠材料，要啥啥没有，这种情况下让诸葛亮造出十万支箭，这不典型出难题嘛！人在屋檐下，诸葛亮还不得不漂亮完成任务，此时，不借别人的鸡下蛋真心不行。

幸好诸葛亮人品大爆发，厚道人鲁肃心疼他，主动问候："有什么兄弟帮得上忙的，只管开口。放心，我绝对不是周都督派来的奸细，作者都说我是厚道人！"诸葛亮眼看有鲁肃帮忙，事情自然好办，请鲁肃给他调拨小队人马和几十艘船，然后在船上扎满稻草人，给士兵人手配备一个锣鼓脸盆等。第二天夜里，诸葛亮趁着夜色和浓雾，带着几十艘小船往曹操的大营驶去。去干吗？借箭！他看死了曹操在浓雾里不敢轻易出击，肯定会放箭。说好是借的东西，还不还，怎么还还得看我心情，不过诸葛亮有节操，有借有还，两军交战的时候一定如数归还，加利息都行！

战场就是这么残酷，胜者为王败者为寇，不得已的情况下玩点非正常手段，可以理解，不过要是把这些非正常手段正常化，就让人不待见了。说起地产商，很多人不待见，为什么呢？地产行业迅速崛起，其中有太多猫腻。想在致富利器房地产行业里捞一把，不是人人都行的，首先得有钱，其次得有地。不过一些实力超群的家伙或许既没有钱也没有地，照样通过借鸡生蛋的手法从中海捞一笔，一跃成为大富翁。在房地产里怎么借鸡生蛋？且看牛人。

在生意场摸爬滚打多年的牛某头脑精明，做生意赚了点家业，随后，他跟随时代潮流投身房地产行业，决定在此狠狠分一杯羹。房地产是大把大把赚钱的行业，可是要成功将新成立的房地产公司运营起来，成功开办自己的楼盘，得有钱有地。土地要合法，五证一个都不能少，好在牛某投身房地产的时代，一切好商量：销售市场上实行期房销售，看图卖房，至于土地嘛，吃吃饭，付个定金也能搞定。不过，这定金可不是小数目，所有证拿到手，好歹也要砸进几千万。

牛某那点小身家，哪够折腾，他好好清算一下，顶多也就几百万资金，没钱，怎么办？牛某就是牛，从其他房地产公司高薪挖来一个有多年从业经验的高人担任公司经理，年薪150万。新请的经理经验丰富，人脉广阔，知道往哪儿钻，往哪儿蹦跶，这让牛某的公司少走了不少弯路。经过经理的一圈忙碌，牛某的公司顺利拿到了地和相关批文。第一个地产项目算是有头绪了。

别以为这就搞定了，大把烧钱的日子还在后头呢！牛某那几百万，经过前期的折腾，早就见底了，好在建筑行业有一个不成文的潜规则：垫资。一个项目承包给承建商修建，承建商垫付资金，楼盖得差不多了再付承建商钱，至于是全款还是部分，到时候商量呗！话说这牛某也真是命好，由于地皮好，项目大，很多有实力的承建商纷纷涌上来希望跟着捞一把，他很快就找到一家小有名气且财大气粗的承建商动手修房子。当然，承包给承建商，牛某就成半个甩手掌柜，等着第一期工程竣工卖房子就行，至于承建商有没有再次打包或是分拆承包给其他小承建商，他不管。

很快，一期工程完成了，承建商要求付工程款，牛某没钱，怎么办？好办，做生意的人，一般都会一个绝招——赖！要钱没有，要命一条，不行给条活路，等房子卖了，工程款一分不少的给你，不干就走法律程序告我，不过得提醒你，我没有欺诈，批文是真的，地皮也是真的，就是公司资金紧张，没钱，不然大家好说好干，卖个人情，回头二期、三期的工程都交给你做。你要是承建商怎么办？死磕到底还是狼狈为奸？吃饱撑着的才死磕，如果工程属于层层承包的更是如此，一级承建商拿不到钱，没办法，我也赖，我也拖，等着房子卖出去了，房地产商付了款我才能往下一层一层地付钱。要是房子一时半会卖不出去呢？等呗。就这样，三角债拖来拖去没个头。如果其中一个承建商资金出现短缺，不够垫付工程的材料费，怎么办？偷工减料呗，拖欠农民工工资呗。

这一切都借鸡下蛋给造的。祖宗的智慧，说好了只坑敌人，这会儿可好，管他是对手还是百姓，只要有好处，一块儿坑了。可真是昧着良心发财！

金钱是万能的，拜金是万万不能的

【1】

饭店里，一对男女相亲，女生开门见山问："有没有房？"男子弱弱地回答："有。"

"有没有车？"

"有。"

女生又问："什么车？"

男子淡淡地说："宝马。"

女生很满意地跟男子谈天说地，交流感情。饭后，女生想让男子带她兜兜风。男子欣然同意，缓缓走向旁边角落里的自行车。女生一看，大怒："你爹的，宝马牌自行车！"甩手离去。

【2】

中午，一屌丝跟朋友骑着自行车奔驰在繁华的商业街上，忽然看见一老太太痛苦地倒在大街上。屌丝纠结一阵"扶不扶"之后果断让朋友掏出手机录像自证清白，然后颤微微地走到老太太跟前，正准备张口关切地询问老人家怎么了，结果老人家瞄了一眼屌丝的自行车，中气十足地大骂："滚！别耽误老娘做生意！"

【3】

马路上，听到一对母女的有爱对话：

女儿："妈，过马路要走斑马线！"

老太太："没事，我横穿几十年了，没见发生什么事！"

女儿："傻呀，走斑马线被车撞了可以多赔钱……"

等等，结局怎么这样？是不是我打开的方式出了问题？金钱什么时候变得如此万能，可以买来爱情，买断良知，甚至可以和生命等价交换？！别说，金钱还真是万能的，没看见几千年前孙老都在为钱的事儿发愁，大军还没有出发，他就开始拨弄着算盘计算这路大军得花费国家多少银子。要是国库空虚，大军连裤衩都没有，开拔出去打什么仗。所以"有情饮水饱"这种高尚的情怀，在今天看来，本身就是一个天大的笑话，没看见不少痴男怨女为了经济闹得纷纷扬扬，没看见骨肉兄弟为了钱能打得头破血流……所以，孙武前辈很多年前就告诫，金钱是万能的，冲动之前先清点一下钱包很必要。不过，因为是研究兵法，他就忘记交代一句"君子爱财，取之有道"，结果，这一告诫跨出了战场的界限就明目张胆地滋生了严重的拜金主义。

如今，社会笑贫不笑娼，漂亮美眉削减脑袋准备"坐在宝马车里哭"，更有人为了夺得父母兄弟的房产使上了坑蒙拐骗的种种手段，而有钱人呢，底气足了，无所畏惧了，更有财大气粗的开发商甚至专横跋扈地叫嚣"90万一条人命"了，要是迂腐的家伙责问一句，法律、道德哪去了？很多人会惊诧地问一句，法律、道德，能换吃的还是能换喝的？

钱，的确很重要，钱能保证我们的生活质量，能让我们拥有充足的应对问题的能力，没钱，的确是寸步难行，但是，如果钱的重要性超过了人品、道德甚至生命，那我们估计就穷得只剩钱了。

第三章　谋攻篇：

不作死就不会死

孙子曰：凡用兵之法，全国为上，破国次之；全军为上，破军次之；全旅为上，破旅次之；全卒为上，破卒次之；全伍为上，破伍次之。是故百战百胜，非善之善者也；不战而屈人之兵，善之善者也。

故上兵伐谋，其次伐交，其次伐兵，其下攻城。攻城之法，为不得已。修橹辕辒，具器械，三月而后成，距 NFEE2，又三月而后已。将不胜其忿而蚁附之，杀士卒三分之一，而城不拔者，此攻之灾也。

故善用兵者，屈人之兵而非战也，拔人之城而非攻也，毁人之国而非久也，必以全争于天下。故兵不顿而利可全，此谋攻之法也。

故用兵之法，十则围之，五则攻之，倍则分之，敌则能战之，少则能逃之，不若则能避之。故小敌之坚，大敌之擒也。

夫将者，国之辅也。辅周，则国必强；辅隙，则国必弱。

故君之所以患于军者三：不知军之不可以进而谓之进，不知军之不可以退而谓之退，是谓縻军。不知三军之事而同三军之政者，则军士惑矣；不知三军之权而同三军之任，则军士疑矣。三军既惑且疑，则诸侯之难至矣。是谓乱军引胜。

故知胜有五：知可以战与不可以战者胜；识众寡之用者胜；上下同欲者胜；以虞待不虞者胜；将能而君不御者胜。此五者，知胜之道也。

故曰：知己知彼者，百战不殆；不知彼而知己，一胜一负；不知彼，不知己，每战必殆。

打仗是个技术活儿

打仗是个技术活儿，看似简单的"群殴"，其间隐藏着不少斗智斗勇的智慧。中国悠悠五千载，前人留下了不少关于打仗的经验技术总结，我们耳熟能详的《三十六计》以及《三国演义》等，都生动地记载了诸多战斗案例和技术分析。而位居这些战斗经验技术总结最高峰的英雄人物非孙子莫属，为什么？境界不一样，不说整本《孙子兵法》，单单就谋攻篇就甩其他人N条街。

孙老说，用兵打仗不同于意气用事的斗殴，脑残才会为了出气泄愤而掀起一场残酷的战争。耗费诸多人力物力财力，跟敌人辛辛苦苦火拼一场，人打残废了，好玩意儿烧没了，国库空虚了，人民都嚷嚷吃不上饭了……这么大的代价就为了让曾经在你面前耀武扬威的敌人跪下唱《征服》，真心划不来。打仗的目的无非就是想把别人的土地、人民还有钱财变成自己的，所以面对战争，将领要谨慎谨慎再谨慎，硬拼不得，不然一仗下来，赢倒是赢了，可是夺过来的土地贫瘠了，你还得派遣人力物力开垦；人民打残废了，你还得拨款去养着；城池打没了，你还得花钱重新修缮；更惨的是美女打毁容了，你让一国多少男人午夜梦回吓出翔……在战场上，硬拼不划算，我们得想出一些万全之策，不用动一兵一卒就让敌人屁颠屁颠过来跪下一把鼻涕一把泪地认错求饶，多好！

若能如此，自然赢得漂亮，不过现实很残酷，对于大多数人来说想出无懈可击的万全之策难度系数太大。只能退而求其次，花最少的代价，攻破敌国，把敌人痛揍一顿。同样的道理，遭遇一军对垒，不用出击就让敌军将领乖乖带着大部队归降，那敢情好；如若不然，攻破敌军再慢慢收拾就掉价一个档次了。所以，孙子总结发现，能百战百胜的未必是好将领，不用开打就让敌人乖乖心悦诚服的才是千古难得的军事人才。

面对打仗这档子事儿，实力过硬的军事家一般优先选择比拼脑细胞，搞点阴谋诡计、挑拨离间等等，逼着敌人乖乖认输。当然，这种完胜是少之又少的，非神级玩家一般玩不起，也玩不动。一般玩家最好选择比脑力战低一档的外交战，想办法拉拢其他国家合伙用唾沫星子淹没他，再利用舆论压力刺激他的小心脏。灵活利用各种外交手腕给敌人施加压力，在无形战场上分出胜负。如兵这招都不行，那只能准备砸钱吧，把飞机坦克 AK-467 全亮出来，再把几十万虎背熊腰的士兵摆出来，亮出你小子不乖乖跪下唱《征服》哥就削你的架势。如此这般，敌人认怂就好，如果敌人硬是不见棺材不掉泪，没办法，只能让几十万士兵出征干架，攻下敌方城池，使劲痛殴，保证不打死他。不得不说，攻城揍人这种手段还是慎用为好，不到万不得已别冲动。跑到别人的地界打架揍人，就得准备武器装备，就得拨款建造攻占城楼的云梯战车等等，这些玩意儿要花好多钱，还得占用几个月的人力物力。如果运气不佳，遇到需要修战壕累土山之类的工程，又得花钱出力费时间。这些都捣腾好了，让虎背熊腰的士兵像蚂蚁一样密密麻麻往敌人城楼上冲，还不得损失无数辛苦培养的好士兵。两军对战，必有死伤，据老孙不完全统计，攻下一座城池，好歹得死伤三分之一的士兵！城池攻下来就算了，要是没能如愿，这趟买卖可就亏大发了。

　　强悍的军事家之所以厉害，就是因为人家明白一个道理，要降服敌人的几十万大军用不着在战场上厮杀，想攻下敌人的城池不一定依靠强攻，企图吞并别人的领土也不必凭借旷日持久的征战。而是用脑子，充分调动脑细胞，运用"全胜"的思想去争雄。如此这般，自己的士兵没有半点折损，好处都到手了，这才是兵圣孙武很欣赏的谋攻策略。具体怎么做呢？简单举点例子：如果我们人多势众，兵力是敌人的十倍以上时，千万别气焰嚣张地冲过去群殴，把敌人团团围住就行，然后断绝粮草，威逼利诱，心情好就啃着肥鸡腿诱惑他们，心情不好架着大炮吓唬他们，直到他们精神崩溃，缴械投降；如果兵力上没那么具有震慑力的优势，只有五倍之多，这种情况就变换一下思路，围困是围不住的，不如趁着兵力优势，五个群殴一个，速战速决，以最迅猛的速度拿下敌人；如果我方兵力优势没有那么厉害，顶多是敌人的两倍，这种情况下真心要好好研究研究战局，想方设法将敌人分散开，然后各个围歼，挨个痛揍。相反了，如果敌我双方实力相当，那就一句老话，打得过就打，打不过就跑；要是敌人比我强劲，兵力是我方好几倍，这种情况下干脆脚底抹油，有多快逃多快，好死不如赖活着。不是当超人的料，就别得意洋洋地把内裤外穿，不然早晚被拿下。

拼智商的全胜策略不是天上掉下来的馅饼，怎么也得有点智商基础才行。国君不是高智商可以原谅，但是还招一批智硬的将领来协助处理国家大事就有点不地道了。将领是国君的重要助手，将领的脑力水准直接影响到国家的兴衰成败，辅佐国君时考虑周详严密，再一穷二白的国家也会一步一步走向繁荣。反之，如果辅佐国君的人才脑细胞不够用，没有考量仔细就颁布政令，只会让国家如同推翻多米诺骨牌一般一路捉襟见肘地收拾烂摊子，想走向繁荣富强，做梦！

将领智商不到位不行，国君脑细胞不够使也不行。摊上个智力有问题的老大，再聪明绝顶的将领也回天无力，估计宇宙超人都阻止不了他作死的节奏。不该进攻时头脑发热想显摆一下，死活逼着将领下令出击，或是不该撤退时神叨叨地逼迫将领下令撤退，在硝烟弥漫的战场这不是典型的祸害吗？还有一种国君也很要命，明明不懂军队的管理方式，偏偏对将领的行政工作指手画脚，将领准备往东，他偏要求往西，将帅准备提拔这小子，他偏要打压这家伙，如此一来，这几十万人马是准备听从直属上司的呢还是听从最高领导的？还有最极品的，明明不懂军事的种种权衡机变，可偏要趾高气昂地指挥军队，犯下一些脑残级别的问题，你让几十万将士如何评价好呢？最高领导如此折腾，百万雄师也会变成无头苍蝇，往作死的路上一去不回头。摊上这种老大，将士们估计也不用打仗了，先清算一下自己的棺材本存够了没！

国君和将帅的一个决定，左右着几十万将士的生死存亡，也影响着一场战争的输赢成败。什么样的将帅能够带领大军走向胜利呢？知道什么时候该出手什么时候该夹着尾巴装孙子的将领；知道自己兵力多少，而且懂得灵活运用坑爹战术的将领；能够让所有士兵跟自己一条心的将领；懂得用有准备的大军对抗疏忽懈怠的敌人的将领；军事组织才能很牛掰而且不选择效力智硬国君的将领。这五种将领带领大军出征，自然可以于困境中杀出一条血路，最终凯旋而归。

打胜仗的的关键还是知己知彼。无论是敌方己方的信息，都了如指掌，百分之百赢很难说，但一定输不了。如果光了解自己而不洞悉敌人的情况，或是洞悉敌人的情况而不能审视自己，胜利的几率也就一半一半，运气好可以带着伤痕累累的将士摘下胜利的果实，运气不好就只能共赴黄泉了。至于那些智商不够使的家伙，不花心思了解敌人有多强大，也不明白自己有多窝囊，结局一般都是：NO ZUO NO DIE／不作死就不会死。

"谋攻"集中了孙圣人不少高大上的思想，不管是"不战而屈人之兵"的全胜思想，还是"知己知彼，百战不殆"的胜利智慧，都超出其他人很大一截。兵圣就是兵圣，其中的谆谆告诫，说得在情在理，高人一等，可惜却被我们无视或是曲解了。

冲动是魔鬼

孙圣人不厌其烦地反复告诫我们，意气用事是作死的节奏，没事别冲动，冲动是有惩罚的，就算在你死我活的战场上，与其冲动地跟敌人火拼，打得头破血流，不如把眼光放长远一点，学习一下"全胜智慧"。什么是全胜智慧？简单点说就是你好我好大家好，与其互殴打得头破血流，不如坐下来侃侃兄弟感情，琢磨琢磨发展大计。挥拳头的意气之争倒是痛快，但是和全胜智慧比起来，弱爆了，"不战而屈人之兵"的战神才叫强悍，随时随地甩开抖着肱二头肌显摆力量的家伙很大一截。

俗话说，"两军交战，必有死伤"，"伤敌一千，自损八百"，干架这买卖相当划不来。在硝烟弥漫的战场上尚且如此，更何况是法网恢恢的今天，为了泄心中一口怒气冲动做事的人轻者伤人伤己，重者悔恨终生。所以，大家应该小心提防心中那口心火，别让它乱窜，别让它带给你冲动的惩罚！

很多大排档小吃摊常常见到这样的戏码，三五好友推杯换盏，天南地北地神吹，一不小心吹出矛盾了，一语不合的事儿，A兄弟怒气冲天吆喝道："你小子给我再说一句试试！"B哥们不服气，吼："说就说，谁怕谁……"后面省去N多不利于社会和谐的恶意问候人家祖宗或长辈的话语。这么一闹腾，行，对骂变成了全武行，一个酒瓶飞过去，几个拳头砸过来，一阵混乱之后，出大事了，天晓得 B 哥们的头盖骨这么脆弱，硬被打爆了，血流不止！混乱把 110、120 都引来了，在医院一番抢救，医生表示："我们已经尽力了。"这祸闯大了，人命关天，昔日的好哥们就这么奔赴黄泉参见阎王爷去了，自己还得蹲在监狱里饱受良心的谴责。早知今日，何必当初呢！

同样饱受冲动的惩罚的还有这位母亲，因为孩子跟小伙伴合伙骗钱，她逮着皮带猛抽 11 岁的儿子足足两个小时，凄惨的叫声响彻楼道，其间还伴随着这位母亲痛心地叫骂："叫你不学好，让你去骗……"邻居听到孩子凄惨的哭声持续了这么久，纷纷表示："教育孩子，差不多得了，再生气也得有个度！"等这凄惨的哭声变得越来越羸弱，她才后悔当初怒火攻心是多么的不应该。11 岁的儿子硬是活生生被她给抽过去了，送医院还没来得及抢救，母子从此天人两隔。

生命这玩意儿，说顽强就顽强，说脆弱就脆弱，没个准儿，谁知道它会以怎样的方式落幕。搞不好你的一时冲动正是送他人奔赴黄泉的魔鬼，留下的仅仅是冲动之后的悔恨与惩罚，只是一切已惘然。生活中，一时怒火中烧，干了后悔事的人不胜枚举。冲动这个魔鬼随时诱拐大家走上歧途，有的或许可以回头，有的连回头的机会都被剥夺，甚是可悲。

其实我们都知道冲动是魔鬼，可是偏偏咽不下那一口怒气，导致大脑神经一时短路，最后酿成苦果。几千年前孙子已经不厌其烦地告诉我们，冲动要不得，抖动肱二头肌挥拳头打折别人骨头，揍死别人军队，攻破别人城池的做法都是低等级的，上不了档次，牛掰的战神把目光放在"全胜"上，这才是战斗的最高境界。可是，几千年了，我们思维里自动屏蔽了孙子的教诲，老是在冲动中抬起拳头。

战神之所以牛掰不是因为会打仗，而是因为会不打仗。砸几十万人力物力火拼这种吃力不讨好的事儿，人家不屑做，能不打仗就将敌人拿下干嘛吃饱撑得跟人死磕。譬如网络上名气很大的盛大，典型牛掰战神一枚。说起盛大，很多网络玩家不陌生，不少牛掰的小说网站、网游等都是其旗下的招财猫。人怕出名猪怕壮，这话不假，大把赚钱的盛大也会摊上敌人的羡慕嫉妒恨。一家韩国游戏公司就曾将盛大告上法庭，那架势，貌似不从盛大身上弄下块肥肉誓不罢休。盛大财大气粗，实力过人，倒也不怕这些小公司闹腾，不过，官司缠身，的确让人心神不宁，怎么办？找牛掰的律师跟他在法庭上死磕，就盛大的家底，保证满载而归，但是，官司容易导致负面影响，对公司的形象不利。行，正面冲撞对你对我都没好处，从背面下手。盛大的陈老板想方设法找到韩国游戏公司的大股东，不为别的，专心干一件事，收购！经过几番辛劳，盛大华丽转身，成了敌人的大股东。如此这般，你还去法庭闹腾，合适吗？典型不合适。最终韩国游戏公司只有乖乖地撤诉，不告了。

看看人家，直教人想竖着大拇指赞一句：赢得漂亮！要不盛大怎会是当今网络上屈指可数的能人一枚呢！这就是全胜智慧，与其跟敌人死磕，不如转个弯，不费一兵一卒照样赢个满堂彩。你好我好大家好的全胜智慧与撕破脸皮冲动火拼的战略相比，典型一个天上一个地下。就说做餐饮吧，干净整洁的一条街道上，就你一家，生意再好，也赶不上人满为患的美食一条街。亚洲著名的大富豪李嘉诚也懂得独大是作死的节奏，在采访中明确表示："有钱大家赚，利润大家分享，财源滚滚来。"听听孙武的教诲，学习一下"全胜"智慧，错不了！

打肿脸充胖子？倒霉是活该！

打仗得量体裁衣，孙圣人建议战略战术的制定需要因人因地制宜，要是我方实力强到爆表，人数是敌人的十倍以上，好说，围死他；要是实力还好，只是人家的五倍，那速战速决，保证不打死；要是实力差不多，那只能打得赢就打，打不赢就跑，不丢人；如果实力有点弱，还不够敌人塞牙缝，那就地球有多远就逃多远，千万不要冲动往枪口上撞，否则，结局很可怕。孙圣人说话比较含蓄，美其名曰："小敌之坚，大敌之擒也。"简单点翻译，不作死就不会死。弱小不丢人，死活打肿脸充胖子就相当地作，这种行为充分暴露了你的智商缺陷，这是病，而且病得不轻，得治！

无论做什么事，都需要量体裁衣，量力而行，有多大能耐办多大事儿，拼了老命死磕，那明显是跟自己过不去。好好一家公司，原本可以游刃有余地管理 40 个员工，轻轻松松实现年营业额三千万，算不上大富大贵，好歹也吃穿不愁，可是偏偏老板心眼够大，一门心思想扩充队伍，实现营业额上亿。有追求是好事，不顾自己实力盲目追求就有点作死。这老板勒紧裤腰带猛砸几个亿力求早日实现员工队伍过百，营业额过亿，可原来管理 40 来人的公司突然管理 100 来号人吃得消不？保证一定消化不良。原来的三千万营业额突然要求翻三倍还多，不知道这刚懂得爬的孩子突然跑起来会不会摔到狗啃泥？

做人实在点，错不了，为了各种这样那样的理由盲目蹦跶，早晚得把自己提早送进坟墓。对于平民百姓，这类逻辑可不是凤毛麟角，就结婚这等人生大事吧，深受作死思想毒害的人就不计其数，一门心思琢磨怎么办才能风风火火，够气派，有面子。可近几年物价不随人愿，一路看涨，一场像样的婚礼办下来怎么也得花掉寻常百姓家不少积蓄。一门心思作死的人拦都拦不住，没那个经济实力偏要求高端大气上档次，没有豪华汽车不行，没有豪华婚纱也不行，就连酒席档次低了也不行。有的地方更惊人，新娘没有穿金戴银都不好意思出嫁，大富大贵之家也就算了，小老百姓干脆想办法或买或租 N 多黄金手镯项链脚链，将新娘打扮得金光灿灿，还将支票、房产证这类玩意儿装裱在相框里一路送到新房挂起来，就为了显摆一下自家那虚无的"丰厚"家底。婚礼倒是办得风风火火，回头小日子却过得捉襟见肘了，何苦来着。曾遇到一个打肿脸充胖子的奇人，为了给独生子办一场派头十足的婚礼，不惜拿房产去银行抵押贷款，作死的劲儿让人甘拜下风。不如听孙圣人一句劝，花点心思了解自己有多大能耐不是什么难事，何苦闲着没事作死自己。

无论是何种作死节奏，都是跟"实力"有着千丝万缕的瓜葛，实力强劲到爆表就不叫作死，那叫理所应当，问题的关键是，寻常百姓少有实力爆表的时刻！所以，老话说得好，知己知彼，百战不殆。当然，你要说百战百胜也行，总之一句话，前提是得知己知彼，花点心思深刻地了解自己有多大能耐、对手有多大本事总不会错的。能耐不够就实在点，不丢人，嘴巴是别人的，日子是自己的，何必为了别人嘴巴的一时痛快而让自己一世悲催呢！

第四章　形篇：

实力代表尊严

孙子曰：昔之善战者，先为不可胜，以待敌之可胜。不可胜在己，可胜在敌。故善战者，能为不可胜，不能使敌之可胜。故曰：胜可知而不可为。

不可胜者，守也；可胜者，攻也。守则不足，攻则有余。善守者，藏于九地之下；善攻者，动于九天之上，故能自保而全胜也。

见胜不过众人之所知，非善之善者也；战胜而天下曰善，非善之善者也。故举秋毫不为多力，见日月不为明目，闻雷霆不为聪耳。古之所谓善战者，胜于易胜者也。故善战者之胜也，无智名，无勇功，故其战胜不忒。不忒者，其所措必胜，胜已败者也。故善战者，立于不败之地，而不失敌之败也。是故胜兵先胜而后求战，败兵先战而后求胜。善用兵者，修道而保法，故能为胜败之政。

兵法：一曰度，二曰量，三曰数，四曰称，五曰胜。

地生度，度生量，量生数，数生称，称生胜。故胜兵若以镒称铢，败兵若以铢称镒。胜者之战民也，若决积水于千仞之溪者，形也。

形是形势的"形"

战神有一个特点，他们都兢兢业业，小心谨慎，让自己毫无破绽，无懈可击，如此，再伺机等待敌人出现纰漏，从而一举歼灭。苍蝇不叮无缝的蛋，战场上也是如此，被敌人攻破防御线的原因都是自己作死，不及早修葺完善防御系统，从而给敌人留下可乘之机。完美的防御体系很重要，一定要强化强化再强化，有了强大的防御体系才不会轻易被打败，敌人要是放胆攻过来，只能送他一句话：NO ZUO NO DIE。完美的防御体系让自己在战斗中不轻易输掉，而想要战胜敌人，这可就考验我方的实力和耐心了。找专人整天拿着放大镜盯着敌人，但凡出现一丝破绽就痛下杀手，千万别客气。我们可以预计胜利出现的时机，却无法人为地操控。因此，要想赢得胜利，首先得拥有完美且强大的防守，其次就是强悍的攻击力。

有完美且强大的防守才能让自己立于不败之地。没事可别让将士们吃饱了睡，睡好了吃，要居安思危，随时检查一下城墙够不够坚固，不够坚固就加紧修缮，最好强劲到排名世界第一；再看看武器有没有跟上时代的步伐，别到时候开打，人家用上了勃朗宁、迫击炮、歼-10战斗机等，你却让士兵们拿着倚天剑、亢龙铜迎击；还要加强士兵的体能训练，个个弄得虎背熊腰，实力超群，光亮一亮肌肉就能吓尿敌人，多省事；更得琢磨琢磨内部建设，搞好军民团结……强大的攻击力是战胜敌人的利刃，这把利刃的锋利程度决定了我们获取胜利的几率。实力强大自然能让对手体会到什么叫霸气侧漏；倘若实力不济，别不好意思充当孬种，好死不如赖活着，此时加强防守，小心保证自己的身家性命安全才是重点，认怂没什么丢人的。实力强大的高人都深藏功与名，他们不是江湖上名声震天的盖世英雄，也没有什么特别的典故让人缅怀，他们牛就牛在能够让一大队人马存在感全无，如同埋藏在几千米地底下的矿物一样被世人所遗忘，等到时机成熟，敌人露出破绽，立马空投过去，让人防不胜防。如果军队中有这样一枚战神，那大军不仅能够在敌人的强攻中自保，更能在出击时杀得敌人落花流水。

高手在民间，那些能预见众人都能猜想到的胜利的家伙不算牛掰，轰轰烈烈打了 N 场胜仗让世界人民都举着大拇指夸赞的大侠也不算牛掰，这些功绩没什么好值得炫耀的，在真正的高人眼里跟吃饭睡觉一样普通。如果这样就算高人，那世界上高人可真是数不胜数。对于深谙用兵之道的人来说，顶多算是入门级别，就像举起一根鸟毛不能表示你是个大力士，能看见太阳月亮不能说你有千里眼，听得见雷鸣不代表你有顺风耳，会说"Hello"不等于你精通英语一个道理。真正的战神，打胜仗那是必须的事，上战场充其量就是走走过场。翻开战斗经验总结手册，很少有人用心去记录那些以多胜少、以强胜弱的战斗故事，大象一脚踩死蚂蚁的戏码向来没人关心，从古至今，大家都喜欢看屌丝逆袭，那些费了九牛二虎之力实现逆袭的屌丝往往华丽转身，成为牛掰的佼佼者被众星拱月，从而在史书上留下了浓墨的一笔。如此，偶然的胜利被大家疯狂追捧，但是真正影响历史发展的始终是必然，而非偶然。所以，真正牛掰的高人所主导的战场没有惊天地泣鬼神的神奇剧情，也没有料敌制胜的好名声，更没有勇武威猛的功劳，他们的胜利唯一的特点就是一切皆是必然，因为他们小心翼翼，不犯丝毫差错，不给敌人可乘之机，他们将自己立于不败之地，也不放过任何打击敌人的绝佳良机。能打胜仗的军队懂得将自己打造成不可战胜、无懈可击的利刃，然后再去迎战敌人，而十战九败的军队却是先挑衅敌人然后琢磨怎么从敌人的手上赢取胜利，哪怕是付出惨重代价的胜利。总之，孙圣人交代，高手之所以是高手，是因为懂得"保道修法"，简单点说，人家明白怎样提升自我实力，用实力说话的人才有资格主宰自己的命运，才能在关键时刻主宰局势的发展。

实力很重要，了解实力的优势劣势更是关键。实力的提升与修炼有着各自的优劣势，有的人擅长这样，有的人擅长那样，战场上也是如此，国家与国家之间的具体情况不尽相同，因此实力发展的方向与速度也千秋各异。说起国家的实力发展，孙圣人提出了几个关键因素，给行军打仗的大将一个明确的思考方向：第一是"度"，第二是"量"，第三是"数"，第四是"称"，最后是"胜"。这五个关键因素简单点说就是，敌我双方所处地域的不同决定了双方土地幅员的大小，这就是"度"；敌我双方土地幅员大小的不同决定了双方人口和物质的多寡，这就是"量"；敌我双方人口和物资的多寡，决定了双方军队的人数和兵员多寡，这就是"数"；敌我双方军队和兵源的不同决定了双方战斗指数的高低，这就是"称"；敌我军事实力的不同最后就决定了谁让谁跪下唱《征服》，这就是"胜"。因此，擅于取胜的军队在战斗中占据了绝对优势，拥有取得胜利的必然条件，他们如同追逐野兔的雄狮，锐不可当；而不善于取胜的军队在战斗中屈居不利地位，没有半点胜算，除非他们人品好到爆，老天爷派遣十万天兵天将下凡助阵，此时的他们，如同面对大象的蚂蚁，毫无还击之力。

　　无论是实力强劲的大象还是实力弱小的蚂蚁，实力貌似很虚无，却有着自己的形态，这就是孙圣人唠叨了半天的"形"。实力牛掰，形也瞬间高大上，譬如，储蓄好实力的战神指挥士兵打仗，展现的形态是不一样的，牛掰的人低调地做人做事，却让人不自觉的发现，有一种霸气叫侧漏，就好像从几百米高的山崖上突然打开泄洪的闸门一般，势如雷霆，不可阻挡。想想那阵势，这便是战神所带领的军队的"形"。不过，台上一分钟，台下十年功，要有如此功力，不潜心修炼N年是不行的，机会总是留给有准备的人！

百战百胜是走火入魔的前奏

　　如果让大家评出孙子语录中最火的话语，想必其中一定有"知己知彼，百战百胜"，这句话的粉丝数量应该不亚于当下不少明星大腕。其实，这是典型的误传，孙圣人并没有说过什么百战百胜，只是在《谋攻篇》的结尾提出"知己知彼，百战不殆"，而其中的深刻内涵，他在《形篇》一开始就孜孜不倦地给我们做了详细而深刻的讲解。知己知彼，准备工作做得越充分越有成效，实力就越强，如此，在两军交战时不至于一败涂地。所以，在孙圣人眼里，知己知彼的结果是百战不殆，而非百战百胜，因为"胜可知而不可为"，我们能够通过自己的种种努力预计胜利出现的时机，却没办法人为地操控胜利，没办法百分之百保证胜利一定会被收入囊中。不过，我们骨子里向往着常胜将军一路胜利前进的飒爽英姿，对胜利有着殷切期盼，百战百胜才是迎合我们求胜心切的"灵丹妙药"。因此，"百战不殆"演变成了"百战百胜"，伪造的孙子语录影响了千千万同胞。

不输未必就是赢。努力提升实力，不留一丝破绽，自然不输；赢的问题得看敌方，如果对手不小心露出破绽，给我方留下可乘之机，一仗下来，自然赢得漂亮，但是，一旦对手小心翼翼，不留死角，那不好意思，胜利的大门还没有敞开。百战百胜盲目地迎合了我们对胜利的渴望，夸大了胜利的诱惑，这是典型的让人走火入魔的节奏！面对诱惑，把持住了还好，没把持住就彻底在追求赢的道路上越走越远，变成一心想赢的恶魔，病入膏肓时估计为了赢可以不择手段。

说到输赢，最典型的故事自然少不了赌桌上的各路神仙。对于大多数中国人来说，闲暇时刻摸摸麻将、斗斗地主不失为一种丰富而流行的消遣。小赌怡情，大赌伤身，其中的道理与百战不殆百战百胜有着惊人的雷同。没有被输赢左右头脑的人，向往赢却不至于丧心病狂，他们努力提升自己牌技，积极调动脑细胞猜测对手的实力，从而稳步前进，一步一步迎接胜利的曙光，这算是小赌怡情的境界。不过，一旦陷入输赢的迷局，输了一万个不甘心，不赢得胜利坚决不撒手，明显已经被百战百胜毒害！有些中毒颇深的家伙，为了在赌桌上赢得胜利，不惜动用下三滥的手段出老千，他倒是百战百胜了，不过友谊也到尽头了。

赌场出老千这类人渣可谓是人神共愤，可惜巨大的愤怒也阻挡不了它继续祸害世界的步伐。牛掰的家伙将这类手腕升级改造，直接运用到了股市。说到股市，在大多数中国人眼中是另一个赌场，甚至比常规的赌场更加臭名远扬。为什么？其中不得不说那些聪明绝顶深谙股票之道的资深股民。具体点说，熊某就算是这类牛人中的一个。四十来岁的熊大姐算是老股民，1998年就涉足其中，经过多年的深入"学习"，如今可算是知己知彼。要说进入股市的人，不想赚钱是假话，亏损几千万不嚷嚷心疼的更是假话中的假话。为了在风起云涌的股市稳赚不赔，百战百胜，熊大姐决定放开胆干。怎么干？首先，普遍撒网，重点捕捞，她在全国13个地市分别找来19个与自己没有一丁点儿关系的自然人，算作手下的小弟。然后，让这19个小弟分别在深圳、上海19家证券公司开立19组股票账户。最后，专业的事儿找专业的人搞定，她雇佣N多懂行的操盘手运用股市"抢帽子"这种新式操纵证券市场的手法，采取事先建仓、黑嘴荐股、拉抬股价最后抢先卖出。这么说貌似有点抽象，不太容易理解，换个角度，你就会明白她的行为有多么令人发指。

> 老李：老熊，最近网上疯传一篇专家的分析文章，你看了没？
>
> 老熊：看了，你下手了吗？
>
> 老李：犹豫呢，不知道靠不靠谱……
>
> 老熊：嘿嘿……我买了，两天时间，涨了好大一截，我正准备再追加点。
>
> 老李：真的涨了？！
>
> 老熊：嗯。真涨了，赶紧下手。

老李再次点开专家的分析文章，觉得人家说得头头是道，在情在理，于是，一跺脚，把所有的积蓄80万投入进去，坐等丰收。股票一路看涨，形势一片大好，让不少股民心花怒放，但是，没几天，那狂跌的架势让整个人都不好了。怎么涨了没几天就一路狂跌呢？被操控的股票出现"奇迹"太正常了。从专家支招到狂跌下滑，熊大姐和小弟们可谓是功不可没，他们以自身的优势以及对股票市场的熟悉，通过暗箱操纵，一个季度就可以用100万撬回来2000多万的纯收入！股票市场算是另一个赌场，赌场有赌场的规矩，越过规矩所获得的胜利跟出老千赢取胜利一样让人不齿。熊大姐这可真算是百战百胜的代言人，打开始走上千王之路那天起，人家就还真没摔过跤，不过一旦摔一跤，等待他们的就是冰冷的铁笼子。

像熊大姐等人一样，为了赢不惜越界的人可不少。胜利是人人向往的，百战百胜，辉煌的战绩光想想都让人激动得直哆嗦，可是现实未必让你如愿，一心想赢容易被输赢蒙蔽双眼，走火入魔。退一步，看看人家孙圣人的告诫，顿时感觉高大上，谋事在人，成事在天，做好自己，耐心等待机遇的降临，保证能稳步前进，就算时运不济，也不至于走火入魔，引火焚身。

做个低调奢华有内涵的实心球

回忆《形篇》，头脑中挥之不去的两个字就是"实力"。怎么做个实力派，孙圣人告诫，要懂得"保道修法"，简单点说，一个国家要想牛气轰轰，一声呵斥就让敌人吓破胆，首先得从政治、经济等各个方面下手整顿提升，有强大的实力做后盾还怕谁，只要敌人敢来作死，保证成全他。当然，实力派有"空心球"、"实心球"两类，有的外表光鲜亮丽，好像实力超群，一旦硬碰硬，立马显出怂包原形；而有的外表低调粗糙，却分量十足，要是真有人作死撞上去，立马叫敌人粉身碎骨。实心球是典型的真人不露相。空心球，不用多说，吹牛显摆样样能。

【咖啡厅】

小王：请问你是罗小姐……的朋友？

罗小姐：讨厌，人家就是罗美丽啦。

小王：啊？

小王仔细打量眼前这个长着大饼脸米线眼的胖妞，只见一脸黄褐斑，鼻子额头上青春痘争相竞艳，再看看微信里的头像，那个粉嫩美丽的小萝莉呢？

小王：头像不是你本人……

罗小姐：是啊，我用了自拍神器和PS，好看不？

唉？你吐血了。不要紧吧！

别嘲笑整容大国的姑娘，别鄙视浓妆艳抹的美人，虽说是人工的，好歹是实打实的美女，和顶着"天生丽质"的容颜然后拼命利用自拍神器和PS自欺欺人的妖孽相比，高大上多了。中国多少宅男女裤在秀真容那一刻让无数屌丝瞬间石化，幻灭到渣都不剩。至今没有理解其中的科学原理，一群靠自拍神器和PS活着的人哪来的自信鄙视那些敢于用化妆和整容实打实提升自己的人，这么自欺欺人，有意思吗？活得如此虚无浮华，难怪专家公知都在痛批社会太"浮躁"。

妖孽们靠自拍神器和PS活得悠然自得，唯我独尊，很多商品也跟风靠浮华的外表装饰了虚无的内在，牛气轰轰地在我们眼前晃来晃去。这类妖孽商品还挺多。就说一牛掰的家具卖场，"中央电视台上榜品牌""CCTV质量报告上榜品牌"等等闪光的大字映入眼帘，大批打酱油的消费者表示狗眼已瞎，这么牛掰，那质量铁定是杠杠的，不少消费者更是表示相信CCTV，决定购买这传说中的好家具，等买回家仔细一研究，这沙发质量还赶不上一般品牌，桌子闻着有一股怪味，怎么的，央视眼瞎，没有鉴定清楚？不少消费者表示有问题，向有关部门一投诉，好家伙，这篓子捅大了，有关部门向中央电视台查询取证时，人家明确表示：中央电视台从未给任何企业、任何产品颁发过"中央电视台上榜品牌"、"CCTV 央视荣誉播出品牌"、"CCTV 央视广告品牌"、"CCTV 中央电视台质量报告上榜品牌"等荣誉称号，也未授权给任何企业使用。这明显吹牛不打草稿，篓子捅出来了，华丽炫目的空心球被猛烈一震，露出了马脚，有关部门表示他们涉嫌虚假宣传，得接受调查处分，彻底输得里外不是人。

这样的妖孽产品还不少，为了打造浮华的外表，大家可算是手段层出不穷，节操节节败退，含致癌物质的洗发水找牛掰明星一阵狂吹，号称中药世家出品，纯天然无刺激；更有牛掰的保健品找老年人在荧屏上精神抖擞地表示，腰不酸了，腿不疼了，困扰多年的癌症好了……话说，张开嘴吹牛的时候能不能好好研究一下自己的实力在哪个档次！不是实打实的实心球，就别恬不知耻地吹嘘自己的分量！

实力，是立世之本。有强大的实力傍身，关键时刻才能如洪水决堤一般气势磅礴，震人心脾。否则，再绚烂的辉煌也不过是昙花一现。回头再来品味孙老的教诲，真心想点赞，知己知彼，百战不殆，拥有强劲的实力，坚守自己的阵营，任何敌人都奈何不了你，再耐心等待时机一举进攻，大获全胜。当然，一味地等待不是什么好事，好酒不怕巷子深的时代已经过去 N 多年，在这个地球变成村的社会，懂得造势也是一项重要技能。如果分量充足的实心球能穿上高大上的外衣，那阵势光是想想都叫人激动。

如何造势，接下来就告诉你！

第五章　势篇：

酒香还怕巷子深

孙子曰：凡治众如治寡，分数是也；斗众如斗寡，形名是也；三军之众，可使必受敌而无败者，奇正是也；兵之所加，如以碬投卵者，虚实是也。

凡战者，以正合，以奇胜。故善出奇者，无穷如天地，不竭如江河。终而复始，日月是也；死而更生，四时是也。声不过五，五声之变，不可胜听也；色不过五，五色之变，不可胜观也；味不过五，五味之变，不可胜尝也；战势不过奇正，奇正之变，不可胜穷也。奇正相生，如循环之无端，孰能穷之哉！

激水之疾，至于漂石者，势也；鸷鸟之疾，至于毁折者，节也。是故善战者，其势险，其节短。势如弩，节如发机。

纷纷纭纭，斗乱而不可乱也；浑浑沌沌，形圆而不可败也。乱生于治，怯生于勇，弱生于强。治乱，数也；勇怯，势也；强弱，形也。故善动敌者，形之，敌必从之；予之，敌必取之奇。以利动之，以卒待之。

故善战者，求之于势，不责于人，故能择人而任势。任势者，其战人也，如转木石。木石之性，安则静，危则动，方则止，圆则行。故善战人之势，如转圆石于千仞之山者，势也。

势是形势的"势"

金子一定能发光？未必，君不见那么多怀才不遇的文人墨客仰天长啸空悲切！实力杠杠的自然好，可遇到不会合理展现自身实力的主儿，典型就是暴殄天物。

如何展现自身实力？孙子曾发表过自己的真知灼见。是金子未必能发光，不懂得如何发挥金子的优势，它也不过是包裹在石头里的废物而已。如何有效发挥金子的优势？其中有智慧。就说战场上，有的人管理几十个手下就力不从心，分秒间被气得怒火中烧，而有的人指挥百万军队却能如同治理几个忠心的小喽啰一样得心应手，其中玄机很简单：牛人懂得利用合理有效的组织结构和组织编制将人马众多的百万军队分化成简单的小队伍，从而充分地激发队伍的整体战斗力。有的人在人仰马翻、混乱不堪的战场上能够让几十万人马进退自如，整齐有力，而有的人绞尽脑汁指挥几千人都未能让一干手下听从指挥不添乱，关键的区别也是如此：牛人知道如何利用旌旗锣鼓等家什组织联络语言有效地指挥，让军队能够充分地实现物尽其用，人尽其才。有的军队，但凡出战，总能把敌人打得落花流水，而有的军队呢，只要出征，一定被对手打得头破血流，不是运气作祟，而是牛人懂得如何不按套路出牌，最大化地激发自身优势并避免劣势带来的损失。有的军队，要么不出手，一出手保证例无虚发，为什么？人家知道避实就虚，避开敌人的锋锐部队，逮着敌人的软肋一顿痛揍，就像用石头猛砸脆弱的鸡蛋一样，不漂亮地赢一场都都对不起常识。

简单点说，化腐朽为神奇的是高人，化复杂为简单的是牛人。打仗，老实巴交你拍一我拍一就输了，做大将得明白如何组织正兵正面迎击，派遣奇兵偷偷捣蛋。什么是正兵奇兵？面子上摆阵势吓唬人，光明正大干架的兄弟就是正兵，私底下负责搞小动作的就是奇兵，说简单点，做君子的是正，做小人的是奇。在战场上，不讲究孔子那套"之乎者也"，讲究的是如何把敌人按倒在地，然后霸气地问他服不服，不服就揍，揍到服为止。所以在战场上，放下节操人品，擅于搞小动作，背后挖墙脚的队伍才让人胆战心惊，人家向来不按套路出牌，变化莫测，鬼点子源源不竭，让人防不胜防！这其中还蕴藏着高深的哲理，怎么个情况呢？日月运行，昼夜往复，秋去春来，四季更替，宇宙中纷繁复杂的一切最终都可以归结为一个简之又简的东西，简单的东西按照一定的规律神奇地运转，也就变成了现在眼前这个五彩斑斓的世界。举个例子，声音中的基础音阶也就宫商角徵羽五个，现代用西方的音乐体系来计量，顶多也是 1234567 七个，这些简单的音阶却能排列出各种天籁或杂音，数量之巨，要是打算将具体数据清点出来，耳朵表示压力山大。颜色也是如此，基本色也就青赤黄白黑五种，就这五种颜色按不同的比例调着调着，各种挑战智商与眼睛的色调能让人目不暇接。再说味蕾吧，也就酸甜苦辣咸五种，但这五种味蕾相互杂糅，就能调出人们尝不尽的各种美味佳肴。同样的道理，军队的变化模式也就奇正两种，可是在基础手段上的创新与变化可以实现无穷大无穷多，面对如此众多的变化手法，谁能表示没有"鸭梨"呢！

湍急的流水迅猛奔腾起来能带着石头游荡千里，那态势锐不可当；迅猛的飞鸷一个俯冲，能瞬间拧断小兔子不太脆弱的脖子，可见合适的速度与节奏也是牛掰的证明。战神就擅长造就险峻且咄咄逼人的态势，敌人胆量不够，立马变惊弓之鸟；胆大点的如果扛住了这关，等到进攻之际，快准狠的节奏也只能把悲催的下一秒变为现实。人们常说，来得早不如来得巧，牛掰的人就是让一切刚刚好，紧张的态势如同拉满的强弩，恰巧的进攻节奏如同瞬间飞逝而出的利刃，一切不早不晚，不多不少，谁能从中讨得半点好处！

想象一下，尘土飞扬的战场上，战旗猎猎，人马纷纷，兵如潮涌，一不小心，杂乱纷呈的场景就跃然眼前。幸好牛掰的战神能够在混乱的战场保持队伍的有条不紊，进退自如，不仅如此，整支大军战斗力呈现一加一大于二的态势，迅猛逼人，无懈可击。再强悍一点，人家还能假装老弱病残孕，诱敌深入，等敌人被胖揍了才明白，眼见未必为实。一支军队是严整还是混乱，关键在于军队组织编制是否得当；是勇敢还是怯懦，关键在于军队的气势是否得以彰显；是强大还是弱小，关乎实力大小。牛人不仅懂得等待时机，更懂得如何创造时机，敌人不漏破绽让我们有机可趁，那好办，想方设法牵着鼻子走，例如，营造假象欺骗敌人，等他上当后猛揍一顿，或者采用钓鱼战术，撒点鱼饵，鱼儿一旦上钩，保证不弄死他……这种计谋手法很多，战场上放开胆子用，千万不要有心理负担，不过要谨记一个要点，一方面用利益调动敌人的胃口和行动，另一方面用强有力的伏兵等着，这两步，一个不能少。

有经验和智商的战斗将领，向来懂得如何造就必胜的态势，而不是一味地责备手下是懒笨馋。这种苛责没有任何意义，与其一味地责骂苛求，不如重金悬赏，寻求有才有德的家伙帮助利用或创造必胜的态势。能够抓住有利态势的人，指挥形态各异、千差万别的士兵打仗，就跟玩弄树木石头一样天空任鸟飞。具体怎么说呢？树木石头有什么特点，放在平稳的地方可以巍然不动，放在悬崖峭壁则任意翻滚，如果遇到方的也就算了，棱角被挡住自然也就停下来，要是圆的，不华气势磅礴地把一切砸个稀巴烂绝对不消停。而高人在战场上造就的态势，就像让一块巨大的圆形石头从八百丈高的山坡上飞滚而下一样，势不可挡，无坚不摧，而这就是我们所说的必胜之"势"。没有必胜的时机与必胜的态势，任何实力强劲的大侠都难以成为那块发光的金子！

奇招制胜的法则

中国有句老话，"酒香不怕巷子深"，跟国外"是金子总能发光"一个意思。两句话，一个道理，同样的思维，简单明了地展现了实力派在大家眼中的伟岸英俊。靠实力获得江湖地位的人，总能赢得一片喝彩，少有人给予抨击批评。不过，如今地球变成村，这幅员辽阔的地儿，想必好酒也得表示压力山大。不设法跟上时代的步伐，依旧坚守酒香不怕巷子深的思维，实力再强劲的牛人也难以招架。要是只求温饱也就算了，但凡有点追求，死守那点家业估计很难成大事。话说回来，强悍的实力不是凭空蹦出来的，其间得经过多少寒来暑往？被如此简单利用，真心有一种暴殄天物的伤感。

就算在农耕文明的古代社会，千里马还殷切地期盼着伯乐的出现，不然就默默无闻地哭死在马厩里，多可悲；多少文人墨客怀抱高尚的政治情怀，意在治国平天下，可惜，阳关道上人太多，竞争实在激烈，有财的拼财，有爹的拼爹，最后，多数才子只能独善其身，寄情山水。实力是立世之本，这点不含糊，不过简单粗暴地火拼实力，这不是孙圣人的风格。实力有了，还得高效组合，达到一加一大于二的效果，对此，孙圣人异于常人的手段就是"以正合，以奇胜"，在实力的基础上出奇招，保准手到擒来。不然，就算你是世界 NO. 1 的高人，不参加吉尼斯世界大赛，谁知道你有多牛，更别说那些实力没有达到顶峰的精英人士。就以美食为例吧，那些当街貌似高大上的饭店堂而皇之地号称自己是地方一绝，可菜肴的味道却往往让人不忍下箸，偏偏那些坐落在犄角旮旯的小吃店却能做出让人回味无穷的舌尖美味。没有实力单靠宣传造势欺骗消费者的家伙让人很鄙视，而那些藏在犄角旮旯没有得到更广大吃货熟知的美食也让大伙儿表示很哀伤。

说起宣传造势，其中的学问很多，孙圣人只是意味深长地表示："善出奇者，无穷如天地，不竭如江河。"总之，以实力为基础展开各种角逐，创意无极限，没有做不到，只有想不到。不过，造势得有原则和底线，现在是契约社会，没有节操地秀下限的方式虽然也能吸引眼球，但是难免会遭受来自世界的满满恶意。就说一些不要脸的楼盘广告：巨幅广告版面上华丽丽地展现香酥丰乳，旁边恬不知耻地写上"高潮迭起"，"7880元／㎡睡小三……房"；有的干脆直接表示"这次，真的搞大了"，引人遐想的几个大字下面用很小的字体说明真实情况是某某房地产"把小户型搞大了"……把恶心无耻当做终点站赛跑的节奏没有喊停的意思，跃过房地产行业，搞服装的，买手机的，甚至创业园都加入了赛跑大军，其中某些广告语让厚脸皮都掩面娇羞。吸引眼球固然重要，但是如此玩弄文字游戏，毫无礼义廉耻之羞，好吗？这典型是一加一小于二的节奏。

牛掰的宣传造势，是一加一大于二，那才是巨石从山顶飞奔而下的态势，不仅展现了高人的强大实力，也会赢得良好的口碑。实力强劲的高手敢于做一个靠谱的偶像实力派，既有实力傍身，还有偶像光环，在激烈的战局中赢你没商量。要说正面教材，乔布斯时期的苹果就是良好典型，一个"烂"苹果可以如此风靡全球，除了其不可超越的质量和最前沿的科技外，乔布斯貌似高大上的发布会演讲也成为苹果的一个传奇。记忆中，令世界疯狂的苹果就没有找哪位国际巨星举着产品自卖自夸，而是通过一次次科技展示，底气十足地表达了自己的科技态度，当然，顺便展示一下最新科技在新手机上的应用，然后，一切很突然，苹果甩其他手机品牌 N 条街，屹立在世界的顶峰，难以超越。不得不说，乔布斯之后，毫无科技内涵的"土豪金"将逐渐为苹果的辉煌画上句号。NO.1 倒下，一大批手机品牌乱入，各种明星夸赞、独家冠名以及各类奇葩广告再次异军突起，从另一个反面衬托了乔布斯强劲的造势能力。

还有大家耳熟能详的《哈利·波特》，这本书能迅速风靡全球，成为老中青热捧的科幻读物，除了作者本人的创意与辛劳之外，书商也功不可没。话说《哈利·波特》第一版第一次印刷数量严重不足，只有 300 册，难道《哈利·波特》撞大运了？拉倒吧，多少质量优良的好书前期有胆子印刷 3000 册甚至 3 万册也没见撞大运。印刷 300 册是出版商精心布局的一招，意在活化二八定律。什么二八定律？要带动一群人疯不用一个一个做工作，想办法调动容易疯的 20% 就行。特别的是，《哈利·波特》的目标读者群是天真烂漫的中小学生，要在这群孩子中调动 20% 算是小菜一碟，而且企图用这 20% 撬动 80%，更是手到擒来。300 册怎么可能满足校园市场的需求？如果有人说这书商脑袋被门板夹坏了，那就是根本没看懂其中的造势手法。

甲：哈利·波特太酷了！

乙：谁？

丙：《哈利·波特》，你没有读过？OH，NO……

乙到 A 书店问：老板，有没有《哈利·波特》？

A 书店老板：卖完了。

乙又到 B 书店问：老板，有没有《哈利·波特》？

B 书店老板：缺货中！

……

这样的桥段在一群天真无邪的孩子中上演，让这本书成了稀缺宝贝，严重的供不应求，怎么办，赶紧加印，然后，"《哈利·波特》到货"的消息一经出现，所有的书店门庭若市，好不热闹。小范围的发酵作用开始蔓延，最终影响整个世界。

其实，书商对这套书的付出远远不止这些。从这套书即将问世之日起，书商就见机行事地开始了他的工作。首先，建议女作者改一个中性的不会引起读者反感的笔名——J. K. 罗琳，然后在作者单亲妈妈的身份上大做文章，她离异后独自带着孩子贫困交加的悲惨境遇对吸引读者眼球起了不小的作用，至少对于不少读者来说，哈利·波特系列不仅仅是科幻小说，而是一本单身妈妈在艰苦生活中的励志之作。随着哈利·波特的火爆，书商逐步开始了新一轮的攻坚战，某日，英国《每日电讯报》爆料，据说可恶的黑客侵入《哈7》出版商的电脑，窃取了《哈7》的书稿，小说结局也随之被泄露。这新闻一出，粉丝们纷纷激动万分，有关心各种版本结局的，有义愤填膺谴责黑客的，反正是忙得不亦乐乎。之后呢，为了保证书稿的安全性，出版商故作高深地表示，将猛砸银子请顶尖的保安，配备牛掰的警犬 24 小时不间断保护书稿的安全，为此不惜耗费 1000 万英镑，这声势，让人不敢小觑《哈利·波特》一丝一毫。

这些手段挨个上演，迅速让生动有趣的《哈利·波特》变得揪动人心，再加上 20% 的好评如潮，大众表示，不看都对不起自己地球人的称号。然后，N 多本《哈利·波特》逐步问世，知名度远远超出任何一个荣获诺贝尔大奖的文豪作品。这就是造势，成功的造势！不仅展现了内在实力，而且将实力的杀伤力提升 N 个档次。

今天，我们生活在无处不广告的时代，出门见不到广告就可以考虑是否穿越了。酒香不怕巷子深的世界一去不复回，宣传造势炒作都成了很多人生活的主题了。在多如牛毛的造势手法中，有的让人眼前一亮，忍不住真心点赞，有的却让人不忍直视。创意无界限的世界里，造势也变成新一轮的角逐战时，赢家往往是那些厝扎实内功作支撑，用正能量满满的创意作嫁衣的偶像实力派！

第六章 虚实篇：

虚中有实才是真

孙子曰：凡先处战地而待敌者佚，后处战地而趋战者劳。故善战者，致人而不致于人。能使敌人自至者，利之也；能使敌人不得至者，害之也。故敌佚能劳之，饱能饥之，安能动之。

出其所不趋，趋其所不意。行千里而不劳者，行于无人之地也；攻而必取者，攻其所不守也。守而必固者，守其所不攻也。故善攻者，敌不知其所守；善守者，敌不知其所攻。微乎微乎，至于无形；神乎神乎，至于无声，故能为敌之司命。

进而不可御者，冲其虚也；退而不可追者，速而不可及也。故我欲战，敌虽高垒深沟，不得不与我战者，攻其所必救也；我不欲战，画地而守之，敌不得与我战者，乘其所之也。

故形人而我无形，则我专而敌分；我专为一，敌分为十，是以十攻其一也，则我众而敌寡；能以众击寡者，则吾之所与战者约矣。吾所与战之地不可知，不可知，则敌所备者多，敌所备者多，则吾所与战者寡矣。故备前则后寡，备后则前寡；备左则右寡，备右则左寡；无所不备，则无所不寡。寡者，备人者也；众者，使人备己者也。

故知战之地，知战之日，则可千里而会战；不知战地，不知战日，则左不能救右，右不能救左，前不能救后，后不能救前，而况远者数十里，近者数里乎？以吾度之，越人之兵虽多，亦奚益于胜败哉？故曰：胜可为也。敌虽众，可使无斗。

故策之而知得失之计，作之而知动静之理，形之而知死生之地，角之而知有余不足之处。故形兵之极，至于无形；无形，则深间不能窥，智者不能谋。因形而错胜于众，众不能知；人皆知我所以胜之形，而莫知吾所以制胜之形。故其战胜不复，而应形于无穷。

夫兵形象水，水之行，避高而趋下；兵之形，避实而击虚。水因地而制流，兵因敌而制胜。故兵无常势，水无常形，能因敌变化而取胜者，谓之神。故五行无常胜，四时无常位，日有短长，月有死生。

打仗得有艺术范儿

战斗在哪里打响，这个问题很关键，直接关系到敌我双方实力的彰显。如果在我方预设的地点展开，那敢情好，早点吃饱喝足，养精蓄锐，等精疲力竭的敌人一露出影子保证往死里揍。要是在敌人埋好地雷机关的地儿展开，那可就摊上大事了。所以，要想打胜仗就得拥有一个重要技能——"致人而不致于人"，简单点说，让敌人乖乖往火坑跳，自己则小心谨慎地避开敌人辛辛苦苦挖好的火坑。

这不是开外挂，也不是什么特异功能，而是懂得如何运用恰当的利益引诱敌人，通过种种计谋让他乖乖往火坑跳，让他误以为他所预设的战场存在种种妖魔鬼怪，不宜战斗。总之，一句话，想方设法让敌人变成我军手中的提线木偶，他要是想安逸闲适就偏让他日行千里，累个半死不活；他要是想吃饱喝足做美梦，就偏让他饿得面黄肌瘦，四肢无力；他要是打算固守城池拒不迎战，就肆意挑衅骚扰或者极力诱惑，让他按捺不住从而打开城门活动筋骨。

牛掰的战神不是急红了眼豪情万丈地指挥伤痕累累的弟兄们冲刺火拼的将军，也不是贼眉鼠眼地捞点好处就脚底抹油的猥琐男，而是这样一个伟岸的家伙：带兵征战时，目标保准是敌人软肋，敌人还无法派兵支援，只能眼睁睁看着要害被打得鲜血淋漓；如果是突然袭击，目的地就是敌人毫无预料的地方，敌人仓促迎战，被打得落花流水；如果带兵行进千里，保准一路风调雨顺，遇不到敌人的围追堵截，因为人家不走寻常路，敌人压根猜不到他的行军路线；要么不进攻，一进攻保证打蛇打七寸，如入无人之境一般拿下胜利，凯旋而归；当然，防守能力也不是盖的，要他防守边境，必然固如金汤，敌人都不知该如何下手攻破他的防线……神奇吧，牛掰吧，这就是真正的战神，主动进攻让敌人手足无措，不知如何防守；主动防守让敌人摸不着头脑，不知道该怎么进攻，无形无声之中，竟然主宰了敌人的命运，把敌人玩弄于股掌之间。

战神的进攻让敌人防不胜防，无法抵御，因为他明白哪里是敌人的软肋，要是带领大军撤退，敌人只能表示追不上，为何？不是因为手下个个都是飞毛腿，擅长草上飞的本事，而是行军的速度犹如脚底抹油，快速有效。要是战神铁了心要干一架，敌人就算占尽天时地利，据守悬崖深沟，也不得不出来兵戎相见，因为战神不会傻不拉几地在城池门口喊爹骂娘这么低端，人家直接攻击敌人的命脉所在，看你们是救还是不救！反之，要是战神最近心情不好，不想打架，就算没有一砖一瓦，单单在地上画一个圈，照样能很好的防守，让敌军不敢轻举妄动，为什么？战神早用脑细胞辛苦想出来的点子把敌人调往其他方向。

前面说了，知己知彼，百战不殆，如果能运用各种方法将敌人的内部情况了然于胸，而我方却丝毫没有暴露，此时我军自然可以将人马集中起来，专心等待时机攻敌软肋，但是敌人呢，却不知道我们会从什么地方下黑手，所以不得不想方设法分兵据守。如此一来，我们大军拧成一股绳，而敌人的人马早就被瓜分成只是原来十分之一的战斗小分队，我们人多势众，十个揍一个，形成了这样的绝对优势敌人还能力挽狂澜，真心不科学。实力的强弱都是相对的，没有人可以完美无瑕，毫无破绽，所以敌我双方决战的地点成为了成败的关键，如果敌人不知道决战地点，自然有所顾虑，不得不在多处设防。多处设防，必然分散兵力，兵力分散，敌我实力差距自然拉大。防御这种事，顾得了前顾不了后，顾得了左顾不了右，要是打算眉毛胡子一把抓，那真心好，算是什么都没顾上，没顾上就会产生虚弱的间隙，给我方可乘之机，我方只要逮着这个缝隙使劲撕开一道口子，保准让敌人疼得哇哇叫。

因此，周全地了解战斗信息很重要，知道了战斗的时间地点，就算有千里远，算准时机自然可以与敌人风风火火地大战一场，但是，如果要时间没有，要地点也没有，这问题可就严重了，大军摆开阵势之后，左救不了右，右救不了左，前救不了后，后也管不了前，就算只有区区几里路的距离，任谁也回天无力。

实力很重要，可如果实力没有得到有效利用，照样兵败如山倒！几千年来，中国人花大力气记载了许多以少胜多，以弱胜强的战斗故事，可见，就算自己实力略逊一筹，只要脑细胞够用，夺取胜利还是可行的。敌人虽然人多势众，实力超然，我们也可以耍点小计谋让他强大的实力施展不出来。怎么调动脑细胞，玩弄小手段呢？用慎之又慎的分析判断敌人作战计划的优劣得失，利用侦查刺探洞悉敌人的活动规律，想方设法调动敌人让他死穴亮出来，最后通过小战役小试牛刀，以窥探敌我双方军事实力的长处与不足。

军队的实力会通过军队的一些细微状态展现出来。如何展现自己的实力是一门技术活儿，最牛掰的境界是"无形"，整支大军就像隐形人一样，就算敌人聘请了世界顶级的侦查间谍也查探不出一点蛛丝马迹，如此，任敌人的军师多么能掐会算，也不能准确地摸准我方的命门，摸不准命门，他的脑细胞也只能无计可施干着急。凭借自己强劲的实力夺取胜利，将胜利公诸于众，大家也猜测不透其中的奥秘所在，大家都知道我们的胜利是因为强大的实力基础，却道不明我们是如何组装施展自身实力的，道行高超的专家估计也不能搞明白我们夺取胜利的规律与取胜的法门，因为不按套路出牌，我们的思路就是没有思路，根据实际战况组装利用自身的实力，将实力的组装利用手段运用到无穷无尽，实现没有做不到，只有没想到。

在实力基础上制定的战略战术就像流水一般，水流从高处往低处流淌，只要有一丝缝隙，水都能侵入其中，实现目的。兴兵打仗就要像水流一样懂得避开实力强劲的队伍，使劲痛击敌人的软肋。水流没有固定的流淌模式，只知道根据不同的地形形成属于自己的流淌方式，战斗中亦然，军队也不应该有固定的战略战术，而是根据敌人的情况灵活制定战斗方案。所以说，带兵打仗，经验总结之类最不靠谱，战神打胜仗的风格就是没有风格，像水流一样，没有既定的框架，每一次都是新颖的创造。

其实无常形、无常态，并不是孙老先生或是战神的独特创新，细心感受世间万物，你会发现，金木水火土五行也是没有形态的，是虚无飘渺的存在；春夏秋冬四季也并没有选定几月几号作为固定的开始或是结束，昼夜没有固定的长短变化，而是根据地球与太阳的转动而定，月亮也有阴晴圆缺，也并非一成不变。所以，当经验或是模式这类东西成为习以为常，反而会成为我们的绊脚石。

先下手为强。说好的真相呢？

在硝烟弥漫的战场上，先下手为强，后下手遭殃，这是常识，没有智障的家伙一般都知道。同样的思维，孙圣人换了一个高大上的表述——"致人而不致于人"，主动挖坑弄陷阱，把敌人当提线木偶一般玩弄，如此一来，胜利自然是囊中之物！别说，在崇尚谦让的传统社会，能提出主动争取这等反大众的观念算是相当异于常人了，要不人家孙圣人是兵圣呢！在残酷的战场上，上演孔融让梨这等美德故事典型不合适，不过要是在崇尚道德秩序的社会，整天积极主动算计坑害他人也太不道义了。

【大街上】

小王下意识地骑着电驴子后退几步，怒气冲冲地指着倒在地上的老太太破口大骂："碰瓷呢？最看不惯你们这些为老不尊的家伙了，倚老卖老，往地上一扑就讹人……"

路人闻声，纷纷停下来围观，你一言我一语地指责老太太："老太婆，你也太过分了。""这社会是怎么了？是老年人变坏了，还是坏人都老了？"……

老太太坐在地上，扶着脚踝，委屈地哭诉："我没讹人，真是他撞了我，碾了我的脚……"

小王趾高气昂地继续骂："装，继续装，你们这些老头老太太那点伎俩，大家都熟悉着呢，为了讹点钱，什么招都使上了。"

小王重新骑上电驴子，骂骂咧咧准备离开，老太太一把抱住他的大腿，死活不松手，哭喊着："麻烦哪位好心人给我报警，我真是被撞了，不是碰瓷讹人的，呜呜呜……天地良心……"

小王："行，报警，麻烦大家伙给我做个证，你们都是看见的，对了，录影，录影，上传到网上，让大家看看这些人是怎么讹人的，决不能让这些缺心眼的老头老太太横着走了……"

就这样，老太太死死拖着小王的大腿，在大多数路人的鄙夷指责中伤心哭泣，直到交警到达现场……经过交警的一番细心调查取证，证实小王的电驴子的确撞上了老太太，并将老太太的右脚碾压受伤。在交警的调解下，小王支付了老太太的医药费一千多元。可是，受先入为主的影响，老太太讹人的传闻早已传遍大街小巷，甚至有人将视频传上网络，让老太太及其家人饱受指责。要说，真心准备讹人，就讹一千多块医药费？

小王这招先发制人，把舆论声势和人气都拉过来，把老太太往社会大众痛恨的讹人集团一推，局面算是控制住了。如此，任凭老太太有N张嘴也无法自证清白，果然先下手为强，后下手遭殃。反过来，很多专注碰瓷的讹人集团也擅长此道，不管三七二十一，先上手段，赢得大众的舆论支持与同情，好歹把证人给搞定了不是？在物证不充足的情况下，人证不就代表着真相嘛！

　　大家要是对此表示心塞，别着急，更心塞的事实在后面。很多人貌似都经历过这样的思维颠覆：原本以为世界是黑白分明的，不料灰色乱入，三观被颠覆了；好不易接受了黑白灰的不完美世界，结果黑说自己非黑，白说自己非白，三观彻底凌乱了。这一切的演变貌似都有"致人而不致于人"的一份功勋，何以言此？譬如说，某某矿泉水打上市以来口碑还算不错，典型一个正能量满满的翩翩公子形象，结果有一天，某报纸上大篇幅地爆料出隐藏在它身后的故事，话说它的质量标准有问题，只达到某省的地方指标，至于国家指标没达到。这水可是销往全国各地的，在食品质量标准的大问题上，这爆料还不分分钟引起成千上万消费者的关注？随后，网络上，各大论坛中，N名消费者怒气冲天地控诉自己与这款饮用水的恩怨情仇，好，关注直接变成了谩骂。在各种谩骂声中，这款饮用水有点叫天天不应叫地地不灵的伤感，先入为主的观念已经率先占领了人们的舆论高地，就算回头真抛出靠谱的第三方质量检验书，也无法抹去这一跟头在人们心中的负面形象。至于这一切有关质量安全大讨论的真相，早已在N多人先下手为强的手段中被涂上了浓厚的油彩。

　　积极主动固然是好事，但是过分积极主动貌似有点过，这份主动要是达到了妖魔化的境界，只会让人表示心塞。明明简单的一件事，丁是丁卯是卯，经过一番探讨，逐渐剥开附着在真相上的面纱，真相就能从见天日。可谁曾想，A方为了自己的利益，为了赢得胜利，先下手为强，为真相抹上厚厚的油彩，然后嘚瑟地告诉大家，真相本来是这样的；随后，B方不服气，为了扭转时局，又抓了一把油彩涂抹上去，然后说，真相本来是这样的……最后，A方B方谁输谁赢已经不重要了，反正节操早已掉了一地。

在中国，一种强劲的存在叫临时工。如果某家公司犯了让人民大众唾骂的错误，酿成了严重的损失和伤害，好办，同样的思维，第一时间上手段。一把手首先表现出了前所未有的震惊与愤怒，对受害者表示深深的同情，义愤填膺地声称会严查此事，严惩犯错误的家伙，为此，平时神龙见首不见尾的一把手寝食难安，忧心忡忡，最终在他老人家的监督下，公司高层严密追查，某个具体的临时工被锁定了，然后一把手痛心地带领大众责骂临时工，万恶的临时工华丽丽地出现在历史的舞台上，在一把手带头的责骂声中被各种虐死。但是，万恶的临时工真的就是事实的真相吗？一个不靠谱的临时工是巧合，如繁星般出现的不靠谱临时工也只是偶然？

在《孙子兵法》的视界里，输赢是最重要的，胜者为王败者为寇，一切规则重新书写，所以，先下手为强，强者都擅长"致人而不致于人"；如今，一切规则不需要重新书写，只需要日趋完善，作为普通大众，我们需要的是真相，根据真相来理性判断世界的是非黑白。有些掌握关键节点的人却带头妖魔化手中的主动权，苛头抹杀真相的本来面目，不得不让人想问一句，你的职业良心呢？

"多元化"是个弥天大谎

孙子在研究战场战术的时候，重点研究了分敌技能。为什么？"我专为一，敌分为十，是以十攻其一也，则我众而敌寡。"简单点说，群殴比单挑有优势。为此，孙子建议，在战场上混饭吃，一定要保证自己兵力集中，然后想办法把敌人分散成若干小队，最后仗着人多势众下手群殴，保证打不死他。有点智商的人都知道，战场上，兵力分散是作死的节奏，不到万不得已，决不能迈向作死的歧途。

战场上如此，现实生活亦然。再牛掰的人，精力都是有限的，一天奋斗的时间最多只能是 24 小时，就算开外挂，也不能改变自然的固定规律，将自己一天的时间改为 25 小时。虽说如此，可还有人在巨大的压力面前雄心壮志地表示走"多元化"发展的道路。好好回忆一下，多元化貌似流行 N 多年了，为什么流行？估计就是不想在一棵树上吊死，准备多找几棵试试。因此，曾经偏向某一方向发展的大学准备跟上时代的潮流，摇身一变，成为综合性大学，决定眉毛胡子一把抓，号称为 21 世纪培养高素质的综合性人才；稍微小有名气的企业开始涉足各种只有想不到没有做不到的行业，实行多元化发展，走集团化道路；很多人也开始朝着超人的方向奋进，学二专，考各种不挨边的行业资格证书，搞得不亦乐乎；很多家长决定让孩子赢在起跑线，学习各种乐器、舞蹈、绘画等等。

　　的确世界上有很多天赋秉异的达人在兵分多路的情况下都取得了优异的成绩，可是大多数平凡人都落了个两手都在抓却什么也没抓牢的结局。要是孙圣人看到这结果，一定痛心疾首地教育：都说了兵分多路是作死的节奏，不作死就不会死。孙圣人的这等告诫值得拥有，纵观各路登上人生顶峰的能人，都有一个成功的法宝——1 万小时定律。这么高大上的科学定律不是笔者杜撰的，而是作家葛拉威尔在《异数》中说的："人们眼中的天才之所以卓越非凡，并非天资超人一等，而是付出了持续不断的努力。只要经过 1 万小时的锤炼，任何人都能从平凡变成超凡。"这就是传说中的"1 万小时定律"，无论多普通的人，不管做什么事，只要持之以恒地付出 1 万小时，除非有严重脑残疾病，否则基本上都能成为该领域的佼佼者甚至专家。

　　看看一代绘画大师达·芬奇，从各式各样的鸡蛋开始，日复一日，年复一年，经过多年的持续努力，扎实的基本功让他从最简单的事情中戈到了达到高深艺术境界的途径。出自他手的《最后的晚餐》《蒙娜丽莎》等等成为世界艺术瑰宝，一直被模仿，从未被超越。还有引领科技大步走的乔布斯，他潜心科技，遇到的问题得不到解决就吃不香睡不下，常常半夜打电话把小伙伴弄醒继续探讨。他一生的主要精力都放在科技上，所以，他所领导的苹果成为风靡全球的王牌明星，让其他竞争对手可望不可及。还有那些在赛场上挥汗如雨的奥运冠军也是如此，飞人刘翔在赛场上震惊世界与国人的那风驰电掣的身影不是因为他腿长，而是因为他从 7 岁开始就苦练内功，19 年的辛勤，N多个1万小时，让他在赛场的短短10秒内成为声名鹊起的跨栏高手。

专心致志划一条船，总会到达目的地；一门心思想脚踩两条或是以上的船，结局估计有点悲催，这是兵分多路的结果。瞅瞅那些牛掰轰轰走多元化道路的企业，有多少能名声赫赫地屹立在商界，反而麦当劳、肯德基、星巴克这类把精力一门心思投放在简单道路上的公司，却将连锁店开遍了世界各地。N多年来，一直被模仿，却没有哪家模仿者可以超越他们成为影响世界的存在。高手就是如此，在一条擅长的道路上将内功练到极致，淡然面对各路风起云涌，成为这条道路上不可超越的存在。那些想成为全能达人的小伙伴们，只能在各种努力中把自己累得精疲力竭。多元化是个巨大的谎言，欺骗世人N多年，让大家忘记了孙圣人的告诫。

穿别人的鞋，走别人的路？

【第一个用"柳"表达离愁的人】

当年，无意间瞅见一对夫妻依依不舍地道别，妻子轻轻摘一截柳枝条送给他，暗示他留下来。那场景，甚是感人。一道灵光击中我的后脑勺，我决定将此情此景用文字留下来。此后，但凡离别，你们就用"柳"来比喻，几千年了，真心审美疲劳！

【"狸猫换太子"故事原创人】

当初，为了丰富大宋人民的业余生活，咱们冒死意淫了这一段故事，耗费了多少脑细胞。可谁曾想，N 多年后，一堆号称是作家编剧的家伙把我们的故事添油加醋地改造一番，然后嘚瑟地表示这是他们的原创，甚至有人为争夺所有权而对峙公堂，脸皮厚得蚊子都想自杀，小心我们到阎王那儿告你们！

……

有人说，第一个用花比喻美人的是天才，第二个是庸才，第三个是蠢材。然后，第 N 个呢？别人创造一个新奇玩意儿，随后就有一堆人堂而皇之地按照雷同的模板复制粘贴利用，这又算什么？这种拿来主义，就算是生活在春秋战国时期的孙圣人也报以满腔的鄙观。孙圣人专注研究不讲美德不讲道义的战场，尚且知道将别人固有的模式生搬硬套，只会让一支大军分分钟被揍得屁滚尿流。在战场上混，就得切记"无常形"，没有固定风格就是最好的风格，然后，面对不同的敌人，针对不同的情况，切换最佳的模式，直接点说，就是"因敌变化而取胜"，简单点说，就是因地制宜，具体问题具体办，经验等等了解就行，关键时刻还得依靠活跃的脑细胞。

虽然孙圣人的《孙子兵法》名声响当当，但是其中这些具有先见之明的观点却被人们选择性地遗忘了。然后，某女星一句"且行且珍惜"惊现，各路大神便纷纷开始各种"且"，那复制后再创新的劲儿，日益高涨；当大胆穿越的桥段成为网络上受热捧的故事后，清朝的雍正前所未有的日理万机，忙着各种恋爱和宫斗；当某位作者调侃明朝的好书大受欢迎后，各种雷同的巧合蜂拥而来，那雷同的劲儿，除了作者名字以外，其他的都好惊人地相似……所以买百事可乐可以喝到白事可乐，要可口可乐可以尝到可曰可乐，甚至买苹果手机都能遇到完整的苹果商标。然后，我们生活的大地有一个响当当的名字——山寨大国。

在这里，大家都以复制别人的模式为荣，自我是什么早已遗忘，只要有现成的鞋子可穿，现成的路可走，那就大胆地穿上别人的鞋，挤上别人的路，让别人无路可走。当大波抄袭复制者人满为患时，第一个开路的人寸步难行。如此，山寨大国的出路又在哪儿？

第七章　军争篇：

理论很抽象，现实很具体

孙子曰：凡用兵之法，将受命于君，合军聚众，交和而舍，莫难于军争。军争之难者，以迂为直，以患为利。故迂其途而诱之以利，后人发，先人至，此知迂直之计者也。

故军争为利，军争为危。举军而争利则不及，委军而争利则辎重捐。是故卷甲而趋，日夜不处，倍道兼行，百里而争利，则擒三将军，劲者先，疲者后，其法十一而至；五十里而争利，则蹶上将军，其法半至；三十里而争利，则三分之二至。是故军无辎重则亡，无粮食则亡，无委积则亡。

故不知诸侯之谋者，不能豫交；不知山林、险阻、沮泽之形者，不能行军；不用乡导者，不能得地利。故兵以诈立，以利动，以分和为变者也。故其疾如风，其徐如林，侵掠如火，不动如山，难知如阴，动如雷震。掠乡分众，廓地分利，悬权而动。先知迂直之计者胜，此军争之法也。

《军政》曰："言不相闻，故为金鼓；视不相见，故为旌旗。"夫金鼓、旌旗者，所以一人之耳目也。人既专一，则勇者不得独进，怯者不得独退，此用众之法也。故夜战多火鼓，昼战多旌旗，所以变人之耳目也。

故三军可夺气，将军可夺心。是故朝气锐，昼气惰，暮气归。故善用兵者，避其锐气，击其惰归，此治气者也。以治待乱，以静待哗，此治心者也。以近待远，以佚待劳，以饱待饥，此治力者也。无邀正正之旗，无击堂堂之陈，此治变者也。

故用兵之法，高陵勿向，背丘勿逆，佯北勿从，锐卒勿攻，饵兵勿食，归师勿遏，围师必阙，穷寇勿迫，此用兵之法也。

实战前的最后一点唠叨

任何高高在上的理论说起来感觉高端大气，但实际操作中就让人不得不感叹现实的残酷。俗话说得好，是骡子是马拉出来溜溜就知道了，名声赫赫的孙圣人也不敢回避战场洗礼这重要一环。整本《孙子兵法》，前半部分研究理论，后半部分探讨实战，理论与现实相结合，自然甩别人N条街。军争篇就是连接理论与现实的阶梯，前面链接高深莫测的理论，后面开启接地气的战场指导。

中国人挺厉害，什么都能化繁为简，"友谊到了尽头"可以缩为"友尽"，"喜闻乐见、大快人心、普天同庆、奔走相告"的盛况可以直接简化为"喜大普奔"……这项技能孙圣人也会，他把"两军对于有利制胜条件的争夺"简化成"军争"，可算坑了不少读书人。唠叨起用兵打仗那些事儿，看似很简单，将领得到最高指示，把高矮胖瘦的壮小伙聚集起来组成一支整齐牛掰的军队，然后行军千里，跟敌人两军对垒，随时豪迈地混战一番，谁输谁赢取决于谁夺得制胜条件。何以言此？理论很美好，现实很残酷，理论说，两点一线之间的距离最短，可是现实往往告诉你，一根筋走直线的才是傻帽，就说刘邦和项羽，走直线的项羽硬是没有拐进乡村小路的刘邦速度快，直线貌似挺近的，可是一路上人山人海的敌军等着群殴你！军争有难度，关键就在于如何利用山路十八弯，化不利为有利，简单点说，如果你懂得迂回前进，演好戏扰乱敌人的视线，哪怕后出发也能率先到达预设战场。

凡事有利有弊，什么好处都让你占齐全了是不可能的，军争也是如此。带领装备厉害的一支大军出去打架，自然要被沉重的装备所拖累，行军缓慢，不能快速到达战斗地点，要速度也行，先把黄金甲、战车、大炮等丢掉，无重一身轻，大军自然身轻如燕，不过，没有像样的武器装备，你让大军光速赶到战场去挨打呢还是挨揍呢？此外，士兵有高矮胖瘦，战斗力自然也参差不齐，虎背熊腰的将士自然比瘦弱干瘪的将士体力好些，不然让一部分人先走起来，后面大部队再跟上？这主意好，先富带后富，不过运气好也就罢了，要是运气不好，先头部队那十分之一的健壮将士跟敌人几十万大军狭路相逢，结果会怎样？所以说，行兵打仗，布局很重要，没有装备武器是不行的，没有粮草供给也是不行的，没有储蓄物质更是不行。战场上，带多少装备粮草，带什么装备粮草以及如何排兵布阵，其中都是满满的军争智慧。

准备工作需要军争布局，具体操作中更是离不得军争。怎么说？举简单的例子，猜不透其他国家肚子里的小九九，可千万别跟他称兄道弟，搞不好他正暗中研究怎么弄死你！防人之心不可无，有些时候，朋友是暂时的，利益是永恒的；还有，没有战场地形图，不知道哪里有山，哪里是水，千万别冒然出兵，有了地图你还得找个当地人做向导才行，不然地利跟你没有一丝一毫关系！行兵打仗，没有千年不变的指导手册，唯一不变的就是灵活多变，根据具体情况排兵布阵，根据具体情况施展坑爹计谋，最后根据具体利益好处决定是否出兵一战。深谙灵活之道的大军，快速起来像疾风一样迅捷，缓慢起来像林木一样森严不乱，整齐划一；进攻的话就像烈火一样迅猛炽烈，防御的话却如山川一般巍然不动；掩藏起来如同漫天阴霾一般让人揣测不透，出击却犹如万钧雷霆般排山倒海。这样的军队一旦出手，知道据守要害，然后权衡敌我实力相机而动。有这等实力，夺取胜利自然如探囊取物般简单。

古代兵书《军政》上提到过金鼓旌旗对军队的重要性。对于我们外行人来说，金鼓旌旗可能有点陌生，这些玩意儿具体是干什么的呢？它们之于军队，相当于人的耳朵眼睛，一个人耳聪目明，自然是好事。一支大军也实现了耳聪目明，指挥起来能统一整齐，如此这般，胆大的士兵不会冒然奋进，胆小的也不敢怯懦后退，军队的战斗力自然上升好几个档次。一般情况下，夜间出击多用金鼓传递信息，而白天就多用旌旗指挥。这也要求灵活，不能一概而论。

混战开始了也不要忘记灵活的军争智慧。敌军士气高涨，我们就要想办法让他情绪低迷；敌军将领意志坚决，我们就搞点小动作让他动摇。就说士气吧！军队的士气跟日出日落一个样，有打鸡血的时候，也有萎靡不振的时候，一般情况下，战斗初期士气饱满旺盛，让它歇会儿，自然懈怠减弱，到了最后，直接歇菜。所以战神一般都晓得避开敌人牛气轰轰的时候，逮着敌人精神萎靡时刻猛揍。掌握敌军士气的规律，才好决定何时出手。此外，可以用我方的严整对付敌人的混乱，用镇静对付敌人的焦躁，这叫心理战术。还有一种，近水楼台先得月，仗着我方距离战场近的优势，吃饱喝足坐等疲乏的敌人来犯，来一次揍一次，保证叫他哭着回去，这是根据战斗力部署军争。最后，千万记住，不要吃饱撑着去迎击部署周密、队伍严整的敌军，也不要去进攻阵营强大、实力雄厚的部队，硬碰硬是傻帽干的，我们得记住灵活，灵活机动地找准战机再出手。

总而言之，用兵打仗的基本原则就是，不要吃饱撑着进攻占据高地的敌人，不要正面进攻背靠山地的敌人，不要追击佯装败退的敌人，不要贸然出手招惹敌人的精锐部队，不要贪图便宜，小心敌人的钓鱼战术，不要阻击拦截准备撤退的敌人，包围敌人时要假装露出缺口，敌人陷入绝境的话不要紧紧相逼，小心狗急跳墙！

被用坏的"迂回战术"

公元前 N 多年，刘邦用山路十八弯的战术告诉我们，两点一线之间的距离是最短的，却非最好的。他带着一群小兵蛋子东绕西绕，硬是赶在走直线的项羽前率先到达目的地，华丽帅气地成为了大赢家。这真不是刘邦运气好，孙圣人早就告诫过，理论是美好的，现实是残酷的，在残酷的现实里，要想占据胜利先机，就得懂得"以迂为直，以患为利"。只是项羽光顾着练肱二头肌，忽视了孙圣人的谆谆教诲。瞬息万变的战场上，固守原则理论问题就严重了，有时候直路走不通，拐个弯就好了，简单点总结，就四个字：迂回战术。这对于一向谦逊的中国人不陌生，经过几千年的历练，"迂回战术"早就内化成骨子里的东西了。书法中讲究藏锋，要想进就先退，要想退就先进，反正不要直勾勾。在某些方面来说，这算是中国传统文化中传递下来的美德。一条道走不通，换条路照样前进，挺好。可惜，迂回的思路一旦被玩坏，就会让人感受到来自世界的满满恶意。

说一些具体的事儿吧，想必大家都不陌生！小王是一名中学教师，虽然没有为了祖国的花朵废寝忘食、不顾生命的伟大节操，但也算是勤勤恳恳、为人正直。话说一天，某同学的妈妈来访，希望老师给他儿子调换座位，因为长得高大，所以她儿子一直坐在后面，这对于不太自律的儿子来说不利于学习，要是能调换到老师眼皮底下就好了。说罢，手里拿着一个信封往小王手里塞！小王当时就懵了，推脱片刻，立马明白了这位家长的良苦用心。小王委婉地说："这不太好办，他个头太大，坐在前面就挡了一片同学，其他同学会有意见的，不过您可以放心，我会注意监督后面的纪律，让大家都把心思放在学习上。"小王客气地跟这位家长交流一番，提醒这位家长平时也要注意监督孩子，让他逐渐养成自律的好习惯，不然在谁眼皮底下都没用。原以为这事就这么过去了，谁知道几天后，下班刚踏入家门口，就听到母亲跟人聊得不亦乐乎，进去仔细一看，正是那位家长一家三口，再看看桌子上摆放的各类营养品，心里也就明白了。寒暄几句，老太太就胳膊肘往外拐，连连代表小王给人家保证，一定换座位。小王不是什么高尚节操的人，可也不是什么黑心眼的贪官污吏，普普通通小教师一枚，就算没有好处拿，自己也会好好干好本职工作。小王心里别提多别扭了，这家长也真是绝了，自己这里走不通，拐弯找到老太太，这可好，要是不昧着良心当个偏心眼，估计以后耳根是清净不了了。

问题还没完，有些事，一回生二回熟，开了头就顺理成章了。所以，不管是想收礼或是不想收礼的教师，逢年过节都会遭遇一堆飞来的红包和饭局，不管是想送礼或是不想送礼的家长，逢年过节都得奉上一份感激的心意。曾经高大上的教师节，华丽转身，变成教师群体秀下限和掉节操的日子。其实，近几年也有不少教师公开表示，自己虽然不是什么伟大的好老师，但是就算不送礼，自己还是会本本分分当好一名好老师，认真教育每一位学生的。可惜，这些呐喊已经挽救不了被迂回战术拖进地狱之门的纯粹。

教师，曾经两袖清风一身正气的代表，都已经被拉入泥潭，更别提身在官场的公仆了。你说好好一小公务员，没有焦裕禄的高尚、包拯的清廉，可也不是主动贪污纳贿的卑鄙小人，却偏偏有人为了自己的利益，送钱不成送礼品，要是还不能拿下，直接施展巧计，有的是办法贿赂。一好友说了一个真实的故事。话说他们单位为了赚钱，打算牵头办一个协会，负责办事的几个小职员准备好各种资料，找当地科协签字盖章。按照领导的指示，一个厚厚的信封夹杂在资料中，里面装着什么，大家都心知肚明。科协主席翻开资料开始查阅，不时询问一两句，随后麻利地将资料收合好，然后把信封递给小职员，说："这个，拿回去！我们审核过资料后会到场考察，合格就下批文。"

主席这一举动，瞬间扭转了我们对吃皇粮人士的不良印象，让人真心想点赞！可惜，后来的展开就让人不淡定了。对于没有将信封送出去，领导很生气，大骂了一番。随后，科协主席带领几个同事正式进行现场考察，期间，领导亲自出马，信封再次乱入，依旧被残酷地拒绝了。两次被拒，公司领导还不放弃，想办法找找其他路子，最终经过一番打探得知，原来这领导有点稍微高尚的爱好，就是在自己微博写点小文，感慨一下人生。好办，公司领导从主席的微博中找来几篇貌似靠谱的文章，让手下编辑加工一番，然后发在旗下的杂志上，随后，领导拿着一本杂志样刊和一个信封亲自登门拜访，把主席的文笔才华吹捧一番，最终奉上"稿费"。如此手段，让人不得不震惊，好不易遇到的一丝正义曙光就这么堂而皇之地被黑暗吞没。为了自己的好处，想着招儿变着法儿地行贿，不滋生严重的腐败就怪了。

如果孙圣人得知自己谆谆教诲给世人的"迂回战术"被如此利用，心情会不会不好？反正作者的心情是不好了。

扬长避短是老话

世界充斥着纠结，孙圣人就感慨，不带牛掰装备吧打不过，带上吧走不快；多带点粮草呢负担重，少带点呢又不够吃……战场上的事，就是这么让人难过。凡事都有长处和短处，就说军争吧，有"利"也有"危"，关键就看领头的如何抉择。一般而言，尺有所长，寸有所短，根据自己的情况扬长避短算是老生常谈，不带什么技术含量。可偏偏世界奇葩众多，总有人在作死的道路上渐行渐远。

现在，家长发展孩子的特长不根据天赋，只要将来可能有发展前途就行，兴趣嘛，可以慢慢培养！所以很多小朋友在周末牛掰轰轰地匆忙赶场，学完舞蹈学钢琴，学完主持学唱歌，那忙碌的劲儿，可谓是日理万机。至于孩子到底有没有这方面的天赋或是优势，管他呢，学着学着就成长处了！别说小朋友，象牙塔里的大朋友貌似也没有好到哪儿去，据说某某专业吃香，毕业后好就业还高薪，大家拼了命地往里面挤，挤进去倒是好了，没挤进去，直接想尽办法动用各种资源申请调专业，实在不行，干脆砸钱修二专。兴趣与天赋早就被抛诸脑后，谁叫人家好就业还高薪呢！要是有人因为兴趣、天赋、优势等等选择哲学，非被当成来自火星的奇葩。话说回来，大家为了所谓的行业前景无视自身的优劣势，从事着没有兴趣做老师的事，心情会好吗？又如何在学习和工作中煎熬出一番所谓的成就呢？

抽象点说，这情况数不胜数，具体点说，实在是让人表示难以接受。有的人擅长技术，有的人擅长经营，有的人擅长舞文弄墨，有的人喜好结交……每个人都有花开灿烂的一面，也有不尽如人意的一面，如果偏要在作死的路上渐行渐远，真心不忍直视。举个例子吧，赵某动手能力很强，技术精湛，在一家修理公司工作期间，凭着雄厚的技术实力得到了老板和顾客的一致认可，小日子过得挺滋润。随着赵某步入婚姻的殿堂，小伙子开始心比天高了，自己这么精湛的技术，凭什么给人打工，让别人赚大头？他准备出来单干，过一把老板瘾。家人劝他："你为人木讷，不圆滑，不是出去做生意的材料……"小赵不信邪，顶着压力往前走，大胆辞职，拿出家里所有的积蓄轰轰烈烈地开办了自己的公司。不出所料，木讷的赵某不是能拉生意谈业务的主儿，不出半年，公司就惨淡关门，不仅赔光了所有的积蓄，还欠了一屁股外债！这也难免，拿自己的短处跟人家比拼，你会发现你那条走向成功的道路永远在施工！

且不说这些事儿吧，反正作死也是自己的事，碍不着谁。生活中，那些为了利益直接无视长处与不足，作死之余还坑了无辜人的家伙才是可恨之极。就说近几年很是火热的房地产，有实力的公司自然混得风起云涌，有些奇葩看见别人大把赚钱难免心痒痒，一拍手一跺脚，决定投身其中跟着捞一把。跟着江湖混就算了，可好歹估摸一下自己有多少斤两，能接多大活儿，牛掰的逗逼硬是把心一横，只要能赚钱，没有金刚钻照样揽瓷器活，活儿倒是揽下来了，可问题随之也来了。别以为让孙圣人纠结的大事会放过你，活儿揽大了，自身实力跟不上，要钱钱没有，要人人不够，要手艺还不一定上得了大场面，怎么办，要么把活儿退了，要么发挥聪明才智蒙混过关。最后不少表面亮堂内核腐朽的豆腐渣工程华丽丽地呈现，等到亮堂的外表被扒下之后，一起合作的队友表示很心塞，心不甘情不愿地帮忙擦屁股，购买商品的顾客也很心塞，花一辈子积蓄买来的新房竟是如此豆腐渣。这是不是典型作死自己，害了别人？

俗话说没有金刚钻就别揽瓷器活儿，搞清楚自己有多大本事，长处是什么，不足有哪些，没有优势的活儿就别揽，免得磕着牙，不然关键时候暴露弱点，会让自己和一票人干着急！

第八章　是骡子是马溜了才知道

（1）九变篇

孙子曰：凡用兵之法，将受命于君，合军聚众，圮地无舍，衢地交合，绝地无留，围地则谋，死地则战。涂有所不由，军有所不击，城有所不攻，地有所不争，君命有所不受。

故将通于九变之地利者，知用兵矣；将不通于九变之利者，虽知地形，不能得地之利矣。治兵不知九变之术，虽知五利，不能得人之用矣。

是故智者之虑，必杂于利害，杂于利而务可信也，杂于害而患可解也。

是故屈诸侯者以害，役诸侯者以业，趋诸侯者以利。

故用兵之法，无恃其不来，恃吾有以待也；无恃其不攻，恃吾有所不可攻也。

故将有五危，必死，可杀也；必生，可虏也；忿速，可侮也；廉洁，可辱也；爱民，可烦也。凡此五者，将之过也，用兵之灾也。覆军杀将，必以五危，不可不察也。

世界唯一不变的就是变

在中国传统文化中，"三"、"九"等是穷数，表示很多很多的意思。所以，九变也就是变化莫测的意思，并非真的指九个。将领得到国家领导人的最高指示后，聚集年轻力壮的小伙子组建军队，开赴风起云涌的前线，他们所面对的问题绝不会简单。出门在外，天时地利人和，任何一丁点差池都能让一群拥有大好年华的青年奔赴阎王殿，让国家遭受严重的损失。前方到底有什么？孙悟空护送唐僧去西天取经尚且还知道会遭遇八十一次劫难，上战场的将士却不曾知道接下来会遇到多少千奇百怪的事情。翻开《孙子兵法》也没用，孙圣人也不知道在风起云涌的战场上，瞬息万变的世界里将会上演什么。不过，万变不离其宗，作为前辈，孙圣人还是提供了一些有用的经验建议。

根据孙子的经验，在战场上要保住小命，必须得谨记五个"一定"和五个"不一定"。

什么"一定"？在行军的过程中，途经难以通行的险峻山岭、沼泽洼地，一定要避免留宿，谁知道有没有什么奇葩的山间野兽、强盗高人，一旦遇上了哭都来不及；途经四通八达的地方或是邻国交界，一定要主动拉关系，笑脸相迎，主动示好，跟人搞好关系错不了；要是走到鸟不拉屎的荒芜之地，一定要趁早走人，能溜多快溜多快；赶赴战场的路上，那些地势险要、道路狭窄的丛林谷地，能绕道就绕道，实在不行，一定要动动脑子，想点鬼点子出奇制胜，如若不然，敌人仗着地理优势杀个措手不及，我方可就亏大了；最后，如果大军陷入叫天天不应，叫地地不灵的绝境，不要气馁，不要放弃，一定要拼死一搏，搞不好能置之死地而后生。

接下来说说五个"不一定"。有的路，不一定要走，明知道荆棘丛生，偏要硬着头皮上，只会暴露你的性格弱点；有的敌人，不一定要打，人家是石头，你是鸡蛋，偏要往上碰，典型就是找死；有的城，不一定要攻，牛掰轰轰的城池，攻也攻不下来，还有那些攻下来也没有一点儿好处的城池，何必浪费人力物力；有的地盘，不一定要争，如果是鸡肋，争到手中也只能让自己束手束脚，还不如不要；有的命令，不一定要执行，最高领导天高皇帝远，不了解一线的具体情况，盲目地听从他的瞎指挥，只会让一队人马赶赴阎王殿！

对于上面种种经验总结还得多唠叨几句，经验是死的，人是活的，关键时刻还得"见机行事"，变化莫测的时局不能被几种经验建议给囊括了，不然世界也太单调了！精通"见机行事"法则的老大才能用兵如神，好好发挥军队的战斗力，不然，就算对战场地形了如指掌也难以发挥地利的优势，把上面警告的五个一定背的滚瓜烂熟也难以真正激发将士的潜能，照样被高手玩得团团转！

　　智慧与美貌并重的将帅考虑问题，不仅是故作高深地凝望远方，他们会周全地顾及到其中的利弊，凡事不利之中掺杂着种种有利因素，有利之中又埋藏着诸多不利因素，只有考量周全，在不利情况下充分利用有利条件，让事态朝着美好的方向一路高歌；在有利的情况下及早根除各种祸根，免得关键时刻掉链子。搞清楚其中的利弊，你就会发现，方法比问题多，办法比困难多。不过，个中智慧得慢慢领悟，师傅领进门，修行看个人。随机应变的智慧，只可意会不可言传。具体说吧，如果打算让敌人乖乖听话，就得用实力去控制住他的咽喉甚至命脉，如此他才能惟你马首是瞻；如果打算让敌人做小跟班，一心一意地跟在屁股后面叫大哥，就得用一些好处引诱他。

　　在战场上兴兵打仗，千万不可抱着敌人心情好品德佳不会来犯的侥幸心理，无论什么时候安全保障都缘自充分的准备，严阵以待，不要指望敌人不来进攻，要靠自己坚不可摧的防御实力来威慑他们，让他们知道招惹哥们的结局很悲催。

　　可见，一军老大不好当，千奇百怪的状况随时让他们表示压力山大。做大哥的，得拥有过硬的智商面对千奇百怪的状况，还得拥有异于常人的特质。具体点说，有五个致命弱点的人坚决不适合当大哥的，哪五个致命弱点？一、坚持死拼硬打，不会变通的直肠子。做人如此执着是要吃亏的，很可能招致杀身之祸，看形势不对就带着弟兄们开溜不丢人，留得青山在不怕没柴烧。二、临阵畏缩，贪生怕死的胆小鬼。这种人平时一脸的大无畏，关键时刻掉链子，见到密密麻麻的敌人，两腿发麻扭头就跑，结局只有当俘虏。三、脾气火爆的急性子。这种人沉不住气，敌人稍微问候一下他祖宗就怒发冲冠，保证带着一干兄弟被敌人玩得团团转。四、死要面子、徒好虚名的伪君子。这哥们当不了老大，不然敌人随便散播一个贪污受贿、生活不检点的谣言，他保证气得直跳脚，怒气冲冲地表示，哥是要名声的人，然后华丽丽地带着大家伙进入敌人的埋伏圈。五、爱民如子老好人。打仗必然会死人，这是战场上不可避免的残酷代价，只能说这哥们生错了年代，进错了行当，他不适合领军打仗，不然晚上偷袭敌营都怕吵到乡亲们睡觉，敌人没节操地绑架几个百姓就能让他乖乖束手就擒，结果只会牺牲更多的无辜百姓。

　　要是摊上这五种特质，将领想不犯错都难，一支大军可算是倒霉到家了。孙圣人经过多年总结，发现但凡在战场上全军覆没、有去无回的军队，都是很不幸的，他们摊上了以上五种危害之一或是之二。所以，再三告诫大家，没那么大的头就别顶那么大的帽子，有以上五种人性缺陷的人千万不要带兵打仗，不然到时候哭死都没用。

（2）行军篇

　　孙子曰：凡处军、相敌：绝山依谷，视生处高，战隆无登，此处山之军也。绝水必远水；客绝水而来，勿迎之于水内，令半济而击之，利；欲战者，无附于水而迎客；视生处高，无迎水流，此处水上之军也。
绝斥泽，惟亟去无留；若交军于斥泽之中，必依水草
而背众树，此处斥泽之军也。平陆处易，而右背高，
前死后生，此处平陆之军也。凡此四军之利，黄帝之
所以胜四帝也。

　　凡军好高而恶下，贵阳而贱阴，养生而处实，军
无百疾，是谓必胜。丘陵堤防，必处其阳而右背之，
此兵之利，地之助也。上雨，水沫至，欲涉者，待其
定也。凡地有绝涧、天井、天牢、天罗、天陷、天隙，
必亟去之，勿近也。吾远之，敌近之；吾迎之，敌背之。
军行有险阻、潢井、葭苇、山林、翳荟者，必谨复索之，
此伏奸之所处也。

　　敌近而静者，恃其险也；远而挑战者，欲人之进也；
其所居易者，利也。众树动者，来也；众草多障者，
疑也；鸟起者，伏也；兽骇者，覆也；尘高而锐者，
车来也；卑而广者，徒来也；散而条达者，樵采也；
少而往来者，营军也。辞卑而益备者，进也；辞强而
进驱者，退也；轻车先出居其侧者，陈也；无约而请
和者，谋也；奔走而陈兵者，期也；半进半退者，诱
也。杖而立者，饥也；汲而先饮者，渴也；见利而不
进者，劳也。鸟集者，虚也；夜呼者，恐也；军扰者，
将不重也；旌旗动者，乱也；吏怒者，倦也；粟马肉食，
军无悬瓬，不返其舍者，穷寇也。谆谆翕翕，徐与人
言者，失众也；数赏者，窘也；数罚者，困也；先暴

而后畏其众者，不精之至也；来委谢者，欲休息也。兵怒而相迎，久而不合，又不相去，必谨察之。

兵非贵益多也，惟无武进，足以并力、料敌、取人而已；夫惟无虑而易敌者，必擒于人。

卒未亲附而罚之，则不服，不服则难用也；卒已亲附而罚不行，则不可用也。故令之以文，齐之以武，是谓必取。令素行以教其民，则民服；令素不行以教其民，则民不服。令素行者，与众相得也。

走哪条道拜哪路神

再牛掰的理论，不拿上战场检验一番都是不能让人信服的废话，孙圣人深谙此理。该唠叨的高大上理论也唠叨完了，接下来继续在行军这个具体问题上谈一下丰富经验。说到打仗，首要的难题就是面临各种各样的地形环境，不得地利的军队早晚得作死。不同的地理环境一定程度上决定了行军打仗的时机与智慧。世界之大，无奇不有，只有遇不到，没有想不到，在不同的地理环境下如何安置军队，判断敌情，孙圣人可有自己的一套见解。

如果地图显示战场是山地，那么军队就得开启山地模式，具体点说，行进途中尽量选择有水草的谷地，既省时又省力，花花草草还能调节一下士兵的心情，多好；驻扎的话首选向阳的高处，一方面可以防止山贼偷袭，另一方面还可以晒晒太阳，合成维生素 D，以防士兵缺钙抽筋；两军交战的话，如果敌人率先占据了战场的制高点，我军就不要脑残地选择硬拼，爬山是项体力活，攻打高处的敌人，腿没有爬累脖子都仰累了。

如果战场是江河，其中也有不少注意事项。首先，驻扎部队时离水远一点，最好留心选择居高向阳的地方，潮水涨起来悄无声息，驻扎在旁边，大半夜再起来抢险救灾就有点划不来了，得浪费多少人力物力。如果敌人划着大船渡河过来进攻，别着急，让他们走一会儿，俗话说，欺山莫欺水，水面上重心不稳，在上面打架占不了多大便宜，等他们一半人马顺利登陆了再下手，群殴完先头部队再群殴后面的。注意，这不是让你张扬地把大军排列在河畔，有时候隐蔽一下也是不错的选择。

如果老天不开眼，把战场安排在了危机四伏的盐碱沼泽地带，那就得当心了，能快速通过的千万别久留，最好脚底抹油，能跑多快跑多快，要是运气不好，在此遭遇敌军，最好开着外挂赶紧找到挨近水草而且背靠树林的地方作为暂时根据地跟敌人死扛。

如果运气不错，战场将在一马平川的地方展开，其中也有不少注意事项：驻军的话要选择地势平坦的地方设营垒，一马平川的地方打仗，很多时候拼的是装备，战车这类重型武器很重要，所以一定要考虑便于重型装备前进后退的地方安营扎寨。此外，最好面朝平原，背靠险山高地，前低后高的模式便于防守，交战时也便于将士冲杀。

别小看上面四种行军打仗安营扎寨的原则，想当年黄帝之所以能够战胜其他部落的老大一统天下，靠的就是对以上四种模式的熟悉和灵活应用。

一般来说，大家驻扎军队都喜欢选干燥向阳的高地，尽力避免蛇虫鼠蚁爱出没的潮湿洼地。这种偏好是科学的，驻扎在物产丰富的高地，居高临下，既能及时发现偷袭的敌军，又能让将士们吃饱喝足睡好，养精蓄锐，免受病患之苦，不打胜仗都对不起这块风水宝地。具体点说，如果在丘陵堤防这些地方，驻扎时首选面朝阳光春暖花开的地方，把主力部队的侧翼背靠此处，既能发挥军队的战斗实力，又能依托地利的辅助作用。当然了，在河岸这类地方打仗，得记住，欺山莫欺水，要是上游下暴雨，必然会洪水暴涨；要是打算渡河，就得细心观察，等待水势稳定了再做定夺。要是运气不佳，行军途中要遇到或者要通过"绝涧"、"天井"、"天牢"、"天罗"、"天陷"、"天隙"这几种地形，必须火速开溜，千万不要接近。为什么？光听名字就知道这些地方神出鬼没，没点强悍的装备或是草上飞的看家本领，还是避而远之的好。"绝涧"是什么，两边是陡峭的悬崖峭壁，中间是高深莫测的湍急水流。"天井"呢？四周高，中间低，典型的铁锅造型，要是遇到点什么意外，一军将士非死伤惨重不可。再说"天牢"，连绵不绝的群山环绕，进去容易出来难。还有"天罗"，到处长满骆驼刺、沙枣刺、仙人掌、食人花等诡异植物，外带些含有剧毒的蛇虫鼠蚁。再说说"天陷"，典型就是天井的进化级，相当于刚被大雨浇透了的天井，拥有天井的地理环境，还附送一摊吞人不吐骨头的烂泥。

最后说说"天隙"，就是传说中的一线天，一座高耸的大山，不知招惹了那路神仙，硬是从中被劈出一条狭长的细缝。

要是带领大部队从中路过，那深幽的山谷、狭长的小道、悲鸣的猿啼、哀嚎的鸟叫……保准吓尿胆大的，吓死胆小的。这些地方，简直就是上天精心打造的陷阱，掉进去保准吃不了兜着走，所以我们得想方设法避开，然后处心积虑让敌人往里面钻。此外，行军途中如果遇到什么险峻山峰、芦苇洼地、茂密草丛以及原始森林等，可别陶醉于山水之间，一定要打起十二分的精神，派兵反复搜索侦查，这些可是捉迷藏的绝佳宝地，敌人要是安排伏兵偷袭就糟了。

安顿自己的军队有经验总结，洞察敌情也有前人的经验教训可借鉴。这里给大家集中普及一下。敌人要是不动声色地逼近我方阵营，千万要冷静，万不可冒然出击，搞不好人家正仗着自己的地利优势等待我们这只大兔子；倘若敌人距离我们八百里远，却整天声势浩大地叫嚣要给我们点颜色看看，闲着没事各种问候祖宗，这得小心了，这家伙不敢攻过来，所以企图引诱我们主动落网；如果敌人选择平坦的草原驻扎，绝对不是心情好爱上这片土地，而是因为平坦地形对他们有好处。此外，如果是在丛林地带作战，得学会跟丛林里的一切生物交朋友，让它们免费成为我方的侦察兵！这不是吹牛皮，具体点说，无风无雨的日子里，却听到树木轻微摇动的声音，别激动，这不是地震，当然也不是幻听，可能是敌人正偷偷穿梭在树丛中，准备来偷袭我们；草丛虽然长得杂乱，可也不至于乱得没有章法，如果草丛的长势突然变得奇怪了，那一定是有什么东西乱入，小心谨慎为好；丛林里的鸟儿突然集体搬迁，或者丛林安静得听不见一声鸟鸣，这就说明丛林里有大批的敌兵埋伏；当然，如果丛林里不但是鸟儿一场骚动，就连凶猛的野兽也跟着骚动起来，这就可以断定丛林里乱入的敌军数量相当惊人。除了丛林里的生物，战场上的灰尘也可以帮助我们判断敌情，例如，如果尘土高扬而且分散的状态呈现垂直上升的态势，这就可以肯定敌人有不少重型武器；要是尘土被扬起时低矮而且向四周扩散，基本可以肯定敌人比较穷，以步兵为主，没多少强劲的装备；要是尘土扬起时显得稀松而且呈条缕状，估计敌人正拖着柴火过来，看样子是准备火攻；如果敌人头上的尘土稀少而且时有时无，敢情敌人正在辛苦扎帐篷，垒营寨，准备跟我们长期对峙。

这些花花草草、鸟兽尘埃都能给我们提供军情，更何况是活蹦乱跳的人了！就说使者吧。要是敌方派来的使者点头哈腰装孙子，敌方的军队却积极购置作战装备，操练士兵，不用说，和谈是假，打架是真，人家正等着你被使者搞迷糊了然后开拔来犯，揍得你丈二和尚摸不着头脑；相反，如果敌方使者一脸傲娇，见谁都不爽，而且军队也做出一脸准备打架的凶相，不用说，这家伙装大爷呢，逮着机会一定脚底抹油。拿望远镜瞅瞅，如果敌人轻车打头阵，主力部队分布在其两侧，不用说，人家正排兵布阵，上战场前先演练一番；还有，两军交战，拳头还没挨着敌人，敌人却主动哈着腰过来求和，其中必定有诈，估计求和是假，布局是真；要是敌人那边忙得风风火火，将士们排列得整整齐齐，我们估计就该打起精神，人家这是准备开打的节奏；假如敌人磨磨蹭蹭，要走不走，欲退不退的，像极了拖延症晚期，小心，这家伙是准备引我们进圈套，可不要冒然追击出去。如果你看见敌军将士萎靡不振，大多都依靠着长矛、弓箭等武器站立，典型是饿极了；如果发现敌军负责打水送水的将士自己先在水源边上喝得咕噜咕噜，就可以推测敌军早已渴得嗓子眼冒烟；要是敌军看见到手的肥肉也不伸手，那估计是累得不行了，动弹一下的力气都没有；还有，如果敌方营垒上空有鸟儿来去自如而没有弹弓之类的乱入，不用说，敌军营垒早就人去楼空；要是发现敌军将士在夜黑风高的夜晚嗷嗷叫，铁定是吓破胆了；如果敌营谣言四起，队伍一团乱麻，人心惶惶，看样子是敌军将领干了什么不靠谱的好事，让威信扫地去了。行军途中，如果敌军的旌旗横七竖八，毫无章法，那说明敌人队伍真心乱成了一锅粥。要是探子报告说敌军将领不知道吃错了什么药，貌似更年期提前到来，闲着没事就乱发脾气，那估计敌军士气低落，将士们厌战了；战马是军人的小伙伴，如果发现敌军已经杀掉战马吃肉，说明敌军严重缺乏粮草，早晚得饿死；敌军吃饱喝足之后不把煮饭的炊具、吃饭的餐具物归其位，转身往地上砸了，那可得当心，这些家伙决定血拼到底，杀一个保本，杀俩个赚一个；如果探子表示敌军将领脾气相当好，低声下气求爷爷告奶奶地和部下说话，这说明敌军将领不得人心，一军将士早晚得散伙；要是敌军将领天天给士兵发奖金，想必敌军形势窘迫，火烧眉毛了；当然，还有将领逮着点小事就破口大骂，甚至棍棒加身，看样子是处境困难。要是将领先简单粗暴地打骂士兵回头又腆着脸求士兵放过，这只能说明这位将领的脑细胞已变成豆腐渣了，不仅智商有硬伤，情商也有严重的硬伤；要是敌军派心腹大方送上各种宝贝，不用说，人家想暂停一下，休养生息；如果敌人喊爹骂娘，怒气冲冲地杀过来表示要大干一架，可是雷声大雨点小，光趁嘴上英雄，又不着急脚底抹油，那可得留心了，谨慎观察敌人的动向，可别遭了道儿。

打仗不是人越多越好，就算有一百万士兵，可不听使唤有什么用，兵力不多不要紧，关键不要轻敌冒进，想办法集中兵力，准确分析敌情，最终一举拿下，胜利自然手到擒来。要是没有深谋远虑，还嘚瑟地轻视敌人，这种人结局都是被活捉之后被各种虐。

带兵打仗的将领，最好能让士兵们心服口服，贴心贴肺，要是士兵们还没有信服你，就开始施加淫威，大家肯定不服气，这样的情况怎么带好兵，怎么打好仗！反之，如果士兵们已经心服口服地把将领当偶像，将领碍于情面不公平公正地处罚犯错的手下，自然也难以调动人马冲锋陷阵。所以，当将领的一定要懂得用春天般的温暖说服教育让士兵通晓道理，用冬天般的严寒来执行军纪，让他们步调一致，如此才可以得到部下的敬重和拥护，训练出一支战斗力超凡的军队。平常严格执行法纪，士兵们自然会养成服从命令的好习惯；如果平常偷工减料，不严格执行，在战场上喊破喉咙也没用。所谓见微知著就是这个道理，只有把平常的小命令都不打折扣地执行好了，才可能真正建立将帅和士兵之间的融洽关系，让军队拧成一股绳，最终战无不克，攻无不胜。

（3）地形篇

孙子曰：地形有通者，有挂者，有支者，有隘者，有险者，有远者。我可以往，彼可以来，曰通；通形者，先居高阳，利粮道，以战则利。可以往，难以返，曰挂；挂形者，敌无备，出而胜之；敌若有备，出而不胜，难以返，不利。我出而不利，彼出而不利，曰支；支形者，敌虽利我，我无出也；引而去之，令敌半出而击之，利。隘形者，我先居之，必盈之以待敌；若敌先居之，盈而勿从，不盈而从之。险形者，我先居之，必居高阳以待敌；若敌先居之，引而去之，勿从也。远形者，势均，难以挑战，战而不利。凡此六者，地之道也；将之至任，不可不察也。

故兵有走者，有驰者，有陷者，有崩者，有乱者，有北者。凡此六者，非天之灾，将之过也。夫势均，以一击十，曰走。卒强吏弱，曰驰。吏强卒弱，曰陷。大吏怒而不服，遇敌怼而自战，将不知其能，曰崩。将弱不严，教道不明，吏卒无常，陈兵纵横，曰乱。将不能料敌，以少合众，以弱击强，兵无选锋，曰北。凡此六者，败之道也；将之至任，不可不察也。

夫地形者，兵之助也。料敌制胜，计险厄、远近，上将之道也。知此而用战者必胜，不知此而用战者必败。故战道必胜，主曰无战，必战可也；战道不胜，

主曰必战，无战可也。故进不求名，退不避罪，惟人
是保，而利合于主，国之宝也。

视卒如婴儿，故可以与之赴深溪；视卒如爱子，
故可与之俱死。厚而不能使，爱而不能令，乱而不能
治，譬若骄子，不可用也。

知吾卒之可以击，而不知敌之不可击，胜之半也；
知敌之可击，而不知吾卒之不可以击，胜之半也；知
敌之可击，知吾卒之可以击，而不知地形之不可以战，
胜之半也。故知兵者，动而不迷，举而不穷。故曰：
知彼知己，胜乃不殆；知天知地，胜乃不穷。

做个靠谱老大不容易

孙子说：地形千奇百怪，一定要分类的话，也就分为通形、
挂形、支形、隘形、险形、远形六种。当然，不同的山上唱不
同的歌，在不同的地形作战也有不同的注意事项。

具体点说，通形就是我们可以去，敌人也可以来的辽阔之
地。在这样的地方作战，我方应抢先占领视野开阔令人心旷神
怡的高地，并且保持后勤补给道路畅通无阻，如此一来，才能
占据优势，给自己创造胖揍敌人的机会。挂形是进去容易出来
难的地域，典型有去无回。在这种地方作战，敌人没有防备还
好，没有良心地搞突然袭击自然可以完胜；一旦敌人有所防备，
冒然开战，到时候打又打不赢，跑又跑不掉，不挂都难。支形
算是鸡肋地域了，任谁都捞不到好处，敌人去捞不到好处，我

军去也捞不到好处。在这儿作战，如果敌人用小股部队来引诱我们上钩，可千万要稳住，不要贪图小便宜而葬送了小伙伴的性命，不行的话就假装胆小鬼开溜，就怕敌人不追出来，一旦追出来，直接杀他一个回马枪。隘形是两座山之间的狭窄的通谷。在这种地方打架，最理想的情况就是比敌人早到一步，用重兵封锁隘口，等敌人跑过来就开揍，保证打不死他。要是运气不好，被敌人先到一步，如果敌人已经部署重兵把守隘口，我们乖乖认怂，不要鸡蛋碰石头；要是他们还没来得及封锁隘口，就说明我方还有一线生机，赶紧冲上去群殴，这时候典型就是狭路相逢，勇者胜！险形是形势险要的地域，杂草丛生的废弃仓库、断肠崖、华山顶峰等都属于这样的地方。在这儿打仗，如果我方先到一步，就牢牢控制住视野开阔的高地，然后安装各种陷阱等待敌人，逮着机会就群殴；要是风水宝地都被敌人先下手为强了，我们就只能悄悄地来，再悄悄地走，不带走一片云彩。别不好意思，山势险峻的地方，敌人一旦占据了天险，安装了陷阱，埋伏了部队，再冲上去打，结局一定是不作死就不会死。远形，就是远方，需要长途跋涉，舟车劳顿的地方。一般情况下，当我们走到这地儿，估计已经累趴下了，要是敌我双方势均力敌，就不要挑事，拖着疲惫不堪的身体打架也捞不到什么好处，何苦呢！

打仗讲究天时地利人和，这六种地形算是对各种战场地形的分析总结，当大将的，想要拥有地利，就得掌握这点入门常识，不然有你后悔的时候！

地形掌握了，不代表一定百战百胜，胜败乃兵家常事，所以，常在战场上混的人，除了要懂得怎么赢，还得正确面对输。打得赢自然是好事，打不赢也不丢人。一般情况下，军队打败仗也有六种情况，即"走"、"驰"、"陷"、"崩"、"乱"、"北"。遇到这六种悲剧结局，不要怨天尤人，问题一定出在自己身上，特别是将领。具体点说吧，天时地利人和等条件相当，谁都不占好处，这种情况下将领偏要以一对十，不是作死是什么，保准被揍得屁滚尿流。这种情况就是"走"，将帅这是严重高估小伙伴们的实力，把他们当成了内裤外穿的超人。"驰"是什么呢？士兵五大三粗，虎背熊腰，士气高涨，可带头的将领却胆小怕事，懦弱无能，这典型是让小绵羊带领一群大灰狼去打仗，能赢的概率估计可以媲美中头彩。反过来，如果是一只大灰狼带领一群小绵羊去争霸天下呢？将帅英伟不凡，光亮出名号就能让敌人肝儿颤，可是手下的小伙伴却懦弱胆小，不敢冲锋，一战下来，强悍的将领嘶声力竭的呐喊响彻云霄也难以挽回颓势，这种情况就是"陷"。什么是"崩"呢？小 BOSS 不服从大 BOSS 的指挥，潜意识里想逞英雄或者自立门户，看见敌人不管三七二十一，擅作主张地带着弟兄们冲出去，大 BOSS 还被蒙在鼓里，这种情况，貌似一座内部坏掉了的大山，随时面临崩塌，大罗神仙都回天无力，这就是"崩"。再说说"乱"，要是将帅生性腼腆懦弱，誓死要做好好先生，不能严格管理官兵，治军还没有一套合理的章法，任由将士乱作一团，这种军队上了战场，铁定是乱七八糟，不受控制。最后，"北"是什么？要是将帅不能正确判断敌情，虎头虎脑地带着部队往前冲，上去才发现敌人那个人山人海，实力超群，这种以少打多，以弱击强，以卵击石的莽夫做法，不被揍得体无完肤一定是祖上积了天大的德。这六种败北情况，一般都是将帅的错。老大不好当，凡事三思而后行，小心提防上面六种瘟神，免得害人害己！

地形算是打仗的辅助条件，也是大将出征前花更多脑细胞纠结的问题。牛掰的大将一般都得根据情报判断敌情，考虑沿途和战场周围的地形情况以此来推算可能的危险以及行军的远近等等问题。一般情况下，能将这些问题洞悉得一清二楚，再去指挥作战，战斗不胜利都对不起那些牺牲的脑细胞，反之，等着被敌人群殴吧。

战争不是儿戏，不是五大三粗的汉子火拼肱二头肌的简单斗殴，对于大将来说，这是一场考验脑细胞活跃度的战斗。如果经过严密的分析，我方运气好到爆，占据了必胜的条件，此时就算上头的最高统帅坚决反对出战也可以大胆向前走，机不可失时不再来。反过来，要是战争的必胜条件不光顾我方，就算最高统帅青筋毕现地要求出兵也一定要坚守立场，不然小伙伴们的 N 多条人命会集体出走拜会阎王爷，那时就亏大发了。所以，当将领的，一定要有基本的节操和人品，决定进攻还是撤退都以大局为重，以保全百姓、利国利民为宗旨，不要因为个人的功劳而冒然发动进攻，让 N 多小伙伴去冒险，更不要因为害怕大 BOSS 的指责而放弃正确的军事决定，如此将领才是国家的珍宝，民族的英雄。

做将领的真心不容易，对外要分析战场地形以及敌军的各种情况，对内还得因材施教，刚柔并济地管理士兵。这其中的智慧也不少，值得将领好好深究。一般情况下，要是能用对待婴儿的态度对待手下的将士，你让大家上刀山下油锅，肝儿都不会颤一下；要是能用对待儿子的态度去关爱将士，将士就能与你同生死共患难。当然，如果你采用溺爱的方式，好吃好喝伺候着却不操练，犯了错误还不责罚，再牛掰的将士都能被你宠成熊孩子，娇生惯养的劲儿，在军营里撒娇还行，一上战场，保证毫无用处。

前面理论说得好，知己知彼，百战不殆，要想打胜仗，不仅要了解自己的实力，还得了解敌人的实力，这样才能不轻易输在起跑线上。要想漂亮地赢得胜利，还得多花点小心思。简单点说，知道自己的部队很能打，却不了解敌人的部队能不能打，这种情况下只有大约30%的胜算；反过来，了解敌人的部队不耐揍，却不了解自己的部队更不太能打，也只有大约30%的胜算；如果了解了敌人的部队可以去打，同时也了解自己的部队很能打，却又不了解地形不利于作战，胜利的机会还是只有一半。所以懂得怎样用兵的人，无论是对敌军的考察还是对我方的估计以及对地形的考量上都不会犯迷糊，他们的战术变化无穷如天地。我们前面说，知己知彼，只能百战不殆，完胜的可能性说不定，但是好歹不会被敌人牵着鼻子走；在此基础上，如果还能知天知地，将天时地利的优势也掌握手中，如此，自然可以百战百胜了。

（4）九地篇

孙子曰：用兵之法，有散地，有轻地，有争地，有交地，有衢地，有重地，有圮地，有围地，有死地。诸侯自战之地者，为散地。入人之地而不深者，为轻地。我得则利，彼得亦利者，为争地。我可以往，彼可以来者，为交地。诸侯之地三属，先至而得天下之众者，为衢地。入人之地深，背城邑多者，为重地。行山林、险阻、沮泽，凡难行之道者，为圮地。所由入者隘，所从归者迂，彼寡可以击吾之众者，为围地。疾战则存，不疾战则亡者，为死地。是故散地则无战，轻地则无止，争地则无攻，交地则无绝，衢地则合交，重地则掠，圮地则行，围地则谋，死地则战。

所谓古之善用兵者，能使敌人前后不相及，众寡不相恃，贵贱不相救，上下不相收，卒离而不集，兵合而不齐。合于利而动，不合于利而止。敢问："敌众整而将来，待之若何？"曰："先夺其所爱，则听矣。"兵之情主速，乘人之不及。由不虞之道，攻其所不戒也。

凡为客之道，深入则专。主人不克；掠于饶野，三军足食；谨养而勿劳，并气积力，运兵计谋，为不可测。投之无所往，死且不北。死焉不得，士人尽力。兵士甚陷则不惧，无所往则固，深入则拘，不得已则斗。是故其兵不修而戒，不求而得，不约而亲，不令而信，禁祥去疑，至死无所之。吾士无余财，非恶货

也；无余命，非恶寿也。令发之日，士卒坐者涕沾襟，
偃卧者涕交颐，投之无所往者，诸、刿之勇也。

故善用兵者，譬如率然；率然者，常山之蛇也。
击其首则尾至，击其尾则首至，击其中则首尾俱至。
敢问："兵可使如率然乎？"曰："可。"

夫吴人与越人相恶也，当其同舟而济，遇风，其
相救也如左右手。是故方马埋轮，未足恃也；齐勇若
一，政之道也；刚柔皆得，地之理也。故善用兵者，
携手若使一人，不得已也。

将军之事，静以幽，正以治，能愚士卒之耳目，
使之无知；易其事，革其谋，使人无识；易其居，迂
其途，使人不得虑。帅与之期，如登高而去其梯。帅
与之深入诸侯之地，而发其机，焚舟破釜，若驱群羊，
驱而往，驱而来，莫知所之。聚三军之众，投之于险，
此谓将军之事也。九地之变，屈伸之利，人情之理，
不可不察。

凡为客之道，深则专，浅则散。去国越境而师者，
绝地也；四达者，衢地也；入深者，重地也；入浅者，
轻地也；背固前隘者，围地也；无所往者，死地也。
是故散地，吾将一其志；轻地，吾将使之属；争地，
吾将趋其后；交地，吾将谨其守；衢地，吾将固其结；
重地，吾将继其食；圮地，吾将进其涂；围地，吾将
塞其阙；死地，吾将示之以不活。故兵之情，围则御，
不得已则斗，过则从。

是故不知诸侯之谋者，不能预交；不知山林、险阻、沮泽之形者，不能行军；不用乡导者，不能得地利。四五者，不知一，非霸王之兵也。夫霸王之兵，伐大国，则其众不得聚；威加于敌，则其交不得合。是故不争天下之交，不养天下之权，信己之私，威加于敌，故其城可拔，其国可隳。施无法之赏，悬无政之令，犯三军之众，若使一人。犯之以事，勿告以言；犯之以利，勿告以害。投之亡地然后存，陷之死地然后生。夫众陷于害，然后能为胜败。故为兵之事，在于顺详敌之意，并敌一向，千里杀将，此谓巧能成事者也。

是故政举之日，夷关折符，无通其使，厉于廊庙之上，以诛其事。敌人开阖，必亟入之。先其所爱，微与之期。践墨随敌，以决战事。是故始如处女，敌人开户；后如脱兔，敌不及拒。

在什么山上唱什么歌

用兵打仗，掌握战场的具体情况很重要，必须灵活机变才能夺取胜利。

孙子将战场分为散地、轻地、争地、交地、衢地、重地、圮地、围地、死地等多种。以自己的地盘为战场的叫散地。敌国边境线周围的地方叫做轻地。谁去都有好处可捞的地方叫做争地。你能去我也能去的地方叫做交地。与多国毗邻，先占领者有机会拉拢各国并获得支持的地方叫做衢地。深入敌国腹地，背倚诸多敌国城池的地方叫做重地。山高水险、池沼错综、深林茂密等难以通过的地方叫做圮地。好进不好退，一不小心就会被敌人团团围住的地方叫做围地。很多军事家常说，置之死地而后生，所谓死地，也就是拼老命杀出去能生，不拼命就会被干掉的绝境。

　　为什么要对战场做这么多分类呢？战场上，没有模式就是最好的模式，根据战场上各种情况临时随机组建靠谱的作战计划才可能稳操胜券，简单点说，这叫因地制宜。在散地，能不打就不打，东西都是自家的，砸烂了、摔坏了，损失也是自己的，在自家地盘火拼，典型是亏大本的买卖；在轻地，能溜多快溜多快，这可是别人的地盘，别人的地盘别人做主，不赶紧溜，等敌人聚集大批小伙伴过来迎头痛击的时候哭都来不及了；在争地，不要冒然出击，是肥肉谁都想抢，小心为上，先仔细调查清楚敌人有没有什么阴谋诡计，确定这块肥肉你吃得到而且吃得下才出手，不然吞到一半被敌人拦截了，这不典型为他人作嫁衣裳；在交地，一定要搞好通信联络，不然容易被敌人像切蛋糕一般分块吃掉；在衢地，一定要记住舍不得孩子套不住狼，礼多人不怪，主动搞好各种关系才能便于自己立稳脚跟；在重地，处境相当悲催，可谓是四面楚歌，后方供应的粮草是指望不上了，此时，小伙伴们得发挥邪恶的本质，拦路抢劫，打家劫舍……反正敌人的就是我的，我的还是我的；在圮地，危机四伏，小心为上，惹不起要躲得起，能溜多快溜多快；在围地，没人相信眼泪，与其坐以待毙，不如调动脑细胞，搞点阴谋诡计，让大部队突围过去，死里逃生；在死地，考验的就是信念，此时，除了奋力一搏，就是乖乖受死，乖乖受死的结局是被各种虐，奋力一搏搞不好还能置之死地而后生。

对战场的熟悉程度决定了将帅的战略战术。擅于打仗的家伙，懂得利用战场上千差万别的条件牵制敌人，让敌人前面顾不了后面，后援葬不上主力，大将和士兵只能遥望泪眼，无法相互救援，更强悍的家伙还能让敌方上级与下级完全失去联系，如此一来，士兵失去主心骨，如同热锅上的蚂蚁，乱作一团，无法集中力量作战。这样的实力，不赢得胜利科学都不答应。不过战神不会吃饱撑着四处显摆，一般不出手，出手铁定能捞到好处，没有好处人家动都懒得动弹一下。试想一下，假如敌军人多势众，队形严密地进攻过来，你准备怎么办？悲壮地迎战，还是委曲求全？战神的回答是，打仗没什么可怕的，不管多厉害的军队，都有软肋，首先得找到敌人的致命软肋，然后创造机会下手痛击，如此一来敌人自然像提线木偶一般任由我方摆布，最终的结果肯定是又一次证明了"不作死就不会死"的理论。战场上，一定要追求速度，千万别等敌人准备好了出手，最好打得敌人猝不及防，意想不到。

反过来，要是我方主攻，把战火烧到别人的地盘，情况又该如何呢？一般而言，越是深入敌人腹地，军心就越坚固，敌人也越是难以从我们手上讨到半点便宜。不过，人是铁，饭是钢，一顿不吃饿得慌，在别人的地盘打架，别指望大后方的粮草支援了，吃饭问题得靠自己解决，此时得充分忘记节操，简单粗暴地把刀一横，豪迈地告诉过往的百姓商旅，"此路是我开，此树是我栽，要打此路过，留下买路财"。不过好歹是正规军，这种低端的模式不合用，稍微高级一点也好办，选择一座富庶的城池或是村庄，杀他个措手不及，攻城略粮，什么好吃好喝的应有尽有。吃饱喝足，还得注意保持体力，养精蓄锐，这可是在人家的地盘上撒野，最好提起十二分的精神，别忘记将士们不是超人。此时是没有兄弟部队支援的，一军将士的生死全拽在将领一人手中，因此，部署兵力时多动动脑细胞，让敌人摸不透，搞不懂。人在危急关头往往能激发出无限潜能，一队人马深入腹地，到了无路可退的绝境，往往会忘记恐惧为何物，义无反顾地往前冲。连死都不怕的队伍，大家都会拼尽全力，与敌人殊死搏斗，还有什么能难住他们？所以，在敌人的地盘开战还是有好处的，譬如不需要三令五申，将士们会自动加强戒备；不需要三催四请，将士们就会超额完成任务；不需要情感铺垫，大家就能亲如兄弟，手足同心；不需要搬出规章制度，大家也能自觉遵守纪律。老大唯一要做的，就是破除封建迷信，消除士兵们的疑虑，如此大家就能同心协力对抗敌人，宁死都不做被人唾弃的逃兵。其实，此时的将士们身无分文，不是因为他们视金钱如粪土；将士们视死如归，也不是因为他们嫌寿命太长。每次作战命令下达，大家都眼泪汪汪，谁都知道生命的难能可贵，所以为了活下去，为了逃离绝境，大家都会如超人附身一般勇猛无敌。

只要功夫深，什么攻击都不会让人惊得肝儿颤，强劲的战神所带领的部队面对敌人的进攻，能像传说中的灵蛇"率然"一样，打它的头，一尾巴扫死你；打它的尾，硕大的脑袋随时随地过来咬死你；要是遇到胆大的莽夫，冒然出手揍它的中间，好家伙，尾巴脑袋一块出现，保证弄死你。试想一下，要是自家的军队有这般灵活，那该多好！别说，历史上不乏这种牛掰的军队，就说说古代吴国人和越国人吧，本来相互不待见，你恨不得弄死我，我恨不得整死你的节奏，可是偏偏在大是大非上一联手，他们之间的配合也可以如同一个人的左手和右手一样天衣无缝。一条绳上的蚂蚱，齐心协力，自然你好我好大家好，要是有人动歪心思，谁也别想活。很多人为了加强军队的统一性和稳定性，调动脑细胞发明了并联战马掩埋车轮等手段，其实不过是表面功夫。要是能让全军上下同心协力，默契度高到如同一个人，这才是稳定军心的最高境界。要想让强壮的和赢弱的士兵都能够充分发挥自己的光和热，关键在于合理利用地形的特色。牛掰的战神能利用严峻的战场地形让将士们意识到大家同在一条船上生死相依，必须齐心协力，全力以赴。

老大不是谁都能做的，当老大需要点特别技能。首先，遇到问题要沉着冷静、深谋远虑，不能因为暂时的成绩而在士兵面前手舞足蹈。其次，管理部队要公正严明而且有条不紊，不能因为士兵甲是你小舅子就偏袒他。第三，要能蒙蔽各种视听，将重要机密封锁在不透风的墙里。这可不是把嘴巴封上就搞定了，除非你遇到的是脑残症晚期的敌人，否则，只要你行动，敌人就能从你的一举一动中推测出个大概来。所以，很多脑细胞充沛的家伙闲着没事就变换作战部署，不断改进作战计划，还要经常搬家，改变驻地，绕着弯走路，总之想尽一切办法扰乱敌人，让敌人无法推测出你的意图。最后，给部下布置任务，就得调皮地玩点上屋抽梯的手段，斩断他们的退路，把他们逼上绝境，最终不要命地往前冲，当然了，从私人的角度来说，这些手段不太地道儿，可能会结梁子。没办法，做将领的，首要任务就是带领士兵打胜仗，战场上，成王败寇，容不下道德人品，所以必要时候把士兵当羊群一样赶来赶去，让他们迷迷糊糊地到达敌国腹地，在危机重重的地方激发他们的小宇宙，最终豪迈地凯旋而归。不同的战场，需要不同的攻防进退方案，在什么山唱什么歌，按照具体的模式做事就完了，虽然孙圣人总结时只是将战场分为九种，可是，远远不止，那些只是孙圣人的经验，经验的东西，学习之后随着眼界视野的扩大而不断得到补充完善。当人家老大的，就得对各种想得到想不到的地形进行分析，对敌我双方将士的情况进行对比，对各种攻防手段进行研究，如此，才能在千变万化的战场上当好老大，领好大军。

在人家的地盘撒野，越是深入腹地，小伙伴们的凝聚力就越强。要是就在边界线上小打小闹，大家会各有各的私心，或许饱受良心道德的谴责，或许胆小怕事思念家乡，反正军心涣散，各有所思。总之，有后路时，任谁都不能发挥潜能，只有在毫无退路的绝境，大家才有可能分分钟化身内裤外穿的超人。想要带领小伙伴们在残酷的战场上杀出一条血路，就得记住：在什么山上唱什么歌，不要被经验模式所束缚。该进则进，该退则退；需要低头装孙子拉关系时就大胆放下面子与自尊，需要脚底抹油时可千万不要恋战，需要脑细胞支援时一定不要逞匹夫之勇。一般情况下，小伙伴们的想法很简单，陷入悲催的包围圈就会奋起抵抗，陷入迫不得已的境地就会拼死抗争，要是更惨一点，掉入生死一线的绝境自然会百分百听从老大的指挥。

俗话说得好，在家靠父母，出门靠朋友，出门在外，多个朋友总比多个敌人好，所以，行军途中，能拉交情就尽量拉。不过前面也简单提过，不了解其他老大的真实想法和动机就要小心为上，不要随便找人拉交情，吃闭门羹倒还无所谓，要是别人笑里藏刀，到时候哭都没地哭去。不管是打仗还是行军，熟悉地形始终是不容忽视的大事，能自己弄明白自然好，不能自己搞定的就得花钱请个靠谱的向导，不然有你吃亏的时候。所以当老大不容易，当一个靠谱的牛掰老大更是不容易，要想让自己的军队成为牛掰战斗机，各个方面，一个都不能少。要是修炼到家，真正戍就一支王牌战斗机，那杀伤力杠杠的，准备痛击敌人，速度直接赶上火箭，硬是让敌国军民来不及齐聚就已经被使劲狠揍了；要是只打算威胁一下敌人，几个小动作，分秒间便吓得敌军的盟友背信弃义。要是你有足够的实力，压根用不着主动讨好其他老大，更用不着花心思在其他老大身边安插卧底，上演什么无间道，牛气轰轰的人物，谁都会主动巴结，要是真有不懂规矩的小弟需要教训，好办，一声恫吓，实力不足的家伙自然乖乖俯首称臣。

强悍的军队自然嚣张，人家有嚣张的资本。内部实力是外部尊严的保证，没有强劲的内部实力，什么传说荣誉都是过眼云烟。强劲的内部实力是什么样的？将领敢于打破常规提拔或是奖励部下，颁布貌似不合理的号令也不会引起兄弟们的怀疑或抵制，指挥 N 多人组成的大军就跟指挥一个人甩动胳膊腿一样简单。给部下布置作战任务，压根不需要挨个解释为什么，只需要告诉他们行动中有些什么有利条件，当然，坏处就算了，报喜不报忧，负能量传播多了会影响士气。总之，把小伙伴们置于危险的境地，激发他们骨子里的潜能，化危险为能量。要是这样还是不行，直接把小伙伴往死里折腾，弄入死地，让他们想办法死里逃生。不要良心不安，战争就是由生与死组合而成，激发将士的潜能，于公于私都是将领义不容辞的责任。

当然，整天折腾手下的小伙伴也不行，久了大家非胖揍你不可，打仗要取得胜利，关键还是要摸清敌人的意图，知己知彼，百战不殆。这点不能忘，只要摸清了敌人的意图和动机，就可以假装上当受骗，暗中在主攻方向大量布控，争取一击即中，拿下敌方将领的脑袋。人家都说，来得早不如来得巧，在战场上用脑细胞取巧的人，才是高人。

反过来，我方在研究作战部署的时候就得严防敌人了，一定要把城门关好，封锁关口，不让敌国的使者、商旅等等乱入，不然被上演无间道，泄露了机密，回头被敌人玩得团团转的就是我们自己了。此外，还要反复思量，反复合计，确保计划完美可行。制定计划时，可不能放松警惕，安排人日以继夜地拿着放大镜盯着敌人，一旦发现丝毫破绽，赶紧动手，趁虚而入，争取一把拿下要害。战场上，千万不要傻不拉几地给敌人下战书，然后约定几月几日决战江湖之类，这是傻子才干的事儿。打仗呢，别搞成激情四射的约会或是侠肝义胆的比武，这可是要死人的大事，不想死，就得抛弃固有思维模式，敢于破除成规，一切根据敌情变化灵活决定自己该干什么，怎么干，总之不让敌人摸清你的思路，更不能让敌人推测出你的下一步行动。打仗，就得静如处子，动如脱兔，战前要矜持优雅，不露声色，最好装得悲催无能。让敌人放松警惕，一旦开打，保证凶猛无比，迅速异常，打得敌人措手不及，无从抵抗。

第九章　拼智商才是硬道理

（1）火攻篇

孙子曰：凡火攻有五：一曰火人，二曰火积，三曰火辎，四曰火库，五曰火队。行火必有因，烟火必素具。发火有时，起火有日。时者，天之燥也。日者，月在箕、壁、翼、轸也，凡此四宿者，风起之日也。

凡火攻，必因五火之变而应之。火发于内，则早应之于外。火发兵静者，待而勿攻，极其火力，可从而从之，不可从而止。火可发于外，无待于内，以时发之。火发上风，无攻下风。昼风久，夜风止。凡军必知五火之变，以数守之。

故以火佐攻者明，以水佐攻者强。水可以绝，不可以夺。

夫战胜攻取，而不修其功者，凶。命曰费留。故曰：明主虑之，良将修之，非利不动，非得不用，非危不战。

主不可以怒而兴师，将不可以愠而致战。合于利而动，不合于利而止。怒可以复喜，愠可以复悦；亡国不可以复存，死者不可以复生。故明君慎之，良将警之。此安国全军之道也。

控制火是门高深技术

在孙圣人那个年代，打仗拼的就是冷兵器，稍微有点技术含量的展开也就是当一回成功的纵火犯。要说在战场上放火，在冷兵器时代可是很有技术含量的事儿，没点能耐还真心不能保证百分之百成功。战场上纵火，目的也就五个，一是火烧敌军人马，直接将火苗变成我方盟友，帮助自己战胜敌人；二是火烧敌军粮草，人是铁饭是钢，打不赢敌人不要紧，烧毁粮草，让他们吃不饱饭，饿得前胸贴后背，然后再找机会挨个收拾；三是火烧敌军辎重，把敌人精良的武器装备烧得一件不剩，看敌人怎么嚣张；四是火烧敌军仓库，当然，这点的前提是敌军要有仓库，一把火把仓库里能烧的都烧了，让敌方物质匮乏，吃不饱穿不暖，要啥啥没有；五是直接放火烧掉敌军的补给通道，让他们后方补给中断，在前线干着急。接下来，说说放火的具体操作技能，别以为很简单，孙圣人那个年代，拥有火种都可以称自己高富帅了，不像今天，打火机哗啦一下，着了。这还只是其一，另一方面，战场上的火攻，可不是无差别放火，其中需要很多技术和智商支持。首先得准备充足的易燃材料和点火设备，其次就是要结合天时地利，什么季节什么时间合适采用火攻，让火乖乖帮助我方搞定敌人。这点很重要，不信在雨季或是大冬天的试试，不是天干物燥的时节就别动这些坏心思，不然只会偷鸡不成蚀把米；此外，注意观测有没有风，风向如何也很重要，没风就没戏，风向不对也不行，别到时候没烧着敌人反而害了自己就摊上大事了。

战场上用火攻，不是点着就完事了，放火只是手段，消灭敌人才是最终目的。运用火攻的同时，其他小伙伴要根据火攻造成的变化灵活进攻。具体点说，如果小伙伴成功潜入敌营内部，在里面燃起了熊熊烈火，其他队伍就得及时在敌营外进攻，跟敌人火拼得不亦乐乎，拖住敌人大部队人马，方便火攻小分队成功潜入潜出，还让敌人分身乏术，不够人手去当消防员。当老大的要用心观察细节，要是敌人内部已经火苗熊熊了，可敌人却镇定自若，丝毫没有混乱的意思，这可得当心敌人识破我方计谋，将计就计等着下手群殴。此时，可要耐心等待，让火苗烧一会儿，等火势非常旺盛之后，根据情况决定是攻还是不攻。当然，可以火烧内部，也可以火烧外围，如果情况只允许从外围下手火攻，那就不用等了，看时机成熟了就下黑手，点火，揍人。放火的时候可千万要留心风向，从上风口点火，借助风力将火势引向敌营，自然事半功倍，要是小分队脑抽，从下风口点火，估计该哭的不是敌人，而是自己。现在我们有气象科学帮忙研究风的情况，孙圣人那时没有，只有简单的经验做后盾。按照他的经验，要是白天风力强劲，刮久了自然会累，晚上就会消停，所以掌握时机很重要，风势一去，一切计划都白搭。做老大的，得将各种火攻模式熟记于心，这样才能根据敌情决定烧什么，怎么烧，才能借助不可控的熊熊大火重创敌人。

火能帮助搞定敌人，它的死对头水也不可小觑，很多将领就曾利用水阻断敌人的阵型和后勤运输等等。俗话说草木皆兵，大自然很多东西，只要运用得当，就可以让自己如虎添翼，当然，运用不当也是作死的节奏。

老话说得好，建业难，守业更难，从敌人手中抢到土地城池不容易，想将吞下去的东西彻底消化更是不容易。不能守住从敌人手中夺得的战果，这可就摊上大事了，很多人称这种情况叫"费留"。什么意思？守不住可不仅仅是损失点土地城池这么简单，不仅劳民伤财还严重折损军队的战斗力。所以，明智的国君要慎重考虑这个问题，智慧的将帅要严肃地对待这个问题，不见兔子不撒鹰，没好处的事儿千万别干，没有全胜的把握也别干，不到万不得已还是以和为贵，别轻易出手逗英雄。

实力过硬不是最强悍的，还得有浑厚的人品做后盾，简单点说，做人得淡定，不仅能控制熊熊烈火，还得明白如何控制心中那口怒火。战争，不是闹着玩的，再土豪的国家也经不起折腾。一国之君一定要懂得控制自己的心火，可不能为出一口怒气而发动战争，当将领的也得小心，万万不能因为一时气愤就带着小伙伴们冲前线，一定要记住，左右战争开始的唯一原因就是利益，有好处就动手，没好处就撒手，该干嘛干嘛去。再牛掰的心火也有消散的一天，生气是一时的，雨过天晴了自然笑口常开，可是战争一旦开始，丢掉性命的将士、百姓可无论如何也没有复生的道理，一不小心亡国了，也没有再来一次的机会。一国老大肩上的担子不轻，面对战争这事一定要慎之又慎，将领们也得小心再小心，只要大家都深深地理解和平的来之不易以及战争的严重危害，国家、军队才能真正地平安。

（2）用间篇

孙子曰：凡兴师十万，出征千里，百姓之费，公家之奉，日费千金，内外骚动，怠于道路，不得操事者，七十万家。相守数年，以争一日之胜，而爱爵禄百金，不知敌之情者，不仁之至也，非人之将也，非主之佐也，非胜之主也。故明君贤将，所以动而胜人，成功出于众者，先知也。先知者，不可取于鬼神，不可象于事，不可验于度，必取于人，知敌之情者也。

故用间有五：有因间，有内间，有反间，有死间，有生间。五间俱起，莫知其道，是谓神纪，人君之宝也。因间者，因其乡人而用之。内间者，因其官人而用之。反间者，因其敌间而用之。死间者，为诳事于外，令吾间知之，而传于敌间也。生间者，反报也。

故三军之事，莫亲于间，赏莫厚于间，事莫密于间。非圣智不能用间，非仁义不能使间，非微妙不能得间之实。微哉微哉！无所不用间也。间事未发，而先闻者，间与所告者皆死。

凡军之所欲击，城之所欲攻，人之所欲杀，必先知其守将、左右、谒者、门者、舍人之姓名，令吾间必索知之。

必索敌人之间来间我者，因而利之，导而舍之，故反间可得而用也。因是而知之，故乡间、内间可得而使也。因是而知之，故死间为诳事，可使告敌。因是而知之，故生间可使如期。五间之事，主必知之，知之必在于反间，故反间不可不厚也。

昔殷之兴也，伊挚在夏；周之兴也，吕牙在殷。故惟明君贤将，能以上智为间者，必成大功。此兵之要，三军之所恃而动也。

无间道可有内涵了

前面唠叨了这么多，大家心里应该也有数了，在战场上立于不败之地的关键在于知己知彼。了解自己，这点容易，花点心思自然能搞定，想要了解敌人就不是易事了，可不了解又不行，怎么说呢？带领好几十万人马千里迢迢奔赴战场，一天要花费国家人民多少钱，说是"挥金如土"一点不过。这还没完，为了前线战争，举国上下都激动万分，躁动不已，手下几十万士兵以及负责后方补给的军民为此来回奔波而不惜累成狗，这么一倒腾，多少人家不能愉快地从事正常的劳动生产，花着这么大的代价支持一拨人马在战场上跟敌人僵持，目的还不是为了有朝一日能痛快地痛击敌人，取得胜利。到了这个节骨眼，要是将帅心疼钱财官爵，不肯用高官厚禄收买间谍冒险去敌营打探情报，一旦战败，那也太没有良心了，就为了节约那点钱财，让多少小伙伴奔赴黄泉，浪费了国家人民多少财富。这样的将领是不合格的将领，既不能带领部队摘取胜利的果实，还不能好好地辅佐最高领导，必须被严重鄙视。很多英明的领导人和牛掰的将帅要么不出手，一出手保证揍得敌人嗷嗷叫，人家的胜利不是因为有超能力或是出门踩了狗屎，而是知道知己知彼的重要性，在出征之前就已经暗中安排了无间道。别鄙视无间道，在风起云涌的战场，想要洞悉敌人的真实情况，可不能依靠烧香磕头抱佛脚，也不能依靠某些现象狗血地胡编乱猜，更不能掐指推算，最真实的敌情只能直接来自敌营，这就得靠无间道。

无间道，貌似很简单的一件事，其中可有不少智慧，要想真正有效地从敌人那里套取情报，没点智商可不行。就孙圣人那个简单的冷兵器时代，无间道都有五种模式：因间、内间、反间、死间、生间。所谓因间，就是想办法收买敌国的普通百姓，让他们提供可靠的情报；内间就稍微高端一点，收买敌方的官员从事无间道，毕竟官员有职务便利，能够获得最新最准的消息；反间大家应该不陌生，就是想办法把敌人的间谍变成我方的间谍，既可以得到敌人的机密情报，还可以传递假情报给敌人；死间，通俗点说就是煽风点火，造谣滋事，让我方间谍冒险将假情报传递到敌营，让敌人自乱阵脚，露出破绽；生间是最原始的一种无间道，安插进入敌人阵营的间谍经过重重困难，最终带着一手情报平安返回，这就是生间。别小看这几种无间道，其中任何一种都能给我方提供很多有用的消息，要是遇到战神，直接将五种无间道手法混合使用，那才叫高手，让敌人防不胜防。

无间道看上去是惊心动魄的冒险活动，其中危机四伏，可又重要无比。所以，对于肩负一国兴亡的国家首脑和统领三军的大将来说，间谍应该是最值得信赖的小伙伴，跟他们谈论的一丝一毫都是绝对机密，应该给予他们优厚的薪水，以回报他们所作出的努力。当然了，要想让一群人为你鞍前马后不顾生死地做事，没点本事可不行，智商低的家伙就使唤不动间谍，没点人格魅力的家伙估计也困难。而且，一味地依靠间谍也有可能是作死，谁知道情报真实可靠不？不调动各种脑细胞思考其中的原理，就可能被敌人反间。其中的微妙智慧只可意会，不可言传。反正在战场上，无论何时何地，无间道都能派上大用场，不过，保密工作得下狠手，要是间谍还没有开始活动，间谍的姓名、性别、身高、爱好等等都败露了，不用说，铁定得把相关人员一网打尽，通通干掉。

辛辛苦苦从事无间道，主要是为了获取哪些情报呢？具体点说，无论我军是准备开打，还是攻城，又或者仅仅是暗杀某个小人物等等，都需要事先知道敌营的最高军事指挥官是谁，他带来了哪些左右亲信随行，还有掌管军队通讯联络的军官又是谁，专门负责把守城门的又是哪路神仙，最好把这些人物手下还有些什么出谋划策或是卧虎藏龙的家伙通通查清楚，这就需要派出的间谍花功夫搞定。

　　我方会搞无间道，敌人不是二傻子，同样也会派人潜入我方阵营刺探情报。面对这种情况，就得想办法弄清楚，逮着一个就威逼利诱地策反一个，让他们反过来为我方做事。有了被策反的间谍，想要发展因间和内间就方便多了，在加上我方死间传递过去的假情报，以及靠谱的生间反馈的各种信息，五管齐下，不华丽丽地拿下胜利都对不起出生入死的潜伏者们。因此，将领一定要懂得灵活运用各种无间道，知道什么人该做什么事，必要时用好反间，胜利的大门就开启一大半了。

　　从古自今，很多在战场上取得胜利的家伙向来擅于利用无间道来实现知己知彼，例如商朝老大，重用了对夏朝了如指掌的伊挚，最终成功推翻夏朝，取而代之；还有后来的周朝老大，重用了一把年纪且对商朝内情熟悉的姜子牙，最终成功干掉商纣王。牛掰的国君或将帅，一定懂得选择合适的间谍从事无间道，最终依靠这一手获得重要的敌军情报，知己知彼了，胜利的曙光还会远吗？

后记

我曾遇到过这样两类人，热爱国学的文人志士和崇尚西学的先进分子，前者时常深情并茂地宣扬传统文化的博大精深，后者却对那些晦涩的文字、拗口的语言表现出明显的嫌弃与反感。在跌宕起伏的近代史中，他们随着社会发展的需求时而东风压倒西风，时而西风逆袭东风。"取其精华，去其糟粕"的口号嘶声竭力地呼喊，也未能彻底结束这场江湖恩怨。

这场恩怨注定不会轻易地烟消云散。好比一个人，过去为他沉淀了丰富的经验和思想，同时也给了他固定的思维模式，让他在迈向明天的道路上显得束手束脚。怎么办？沉迷于过去的辉煌或是一味地否定曾经的自己，都是可悲的。只会感叹传统文化博大精深的人，如同垂垂老矣的长者，把自己封闭在过去的回忆里，难以迈开走向明天的步伐。对国外种种美好羡慕嫉妒恨的人，却又像极了一个不敢认错的孩子，试图将不喜欢的过往通通抹去。

　　曾经，友人向我再三说过一个词——"悦纳"，现在想来，觉得这个词分量沉重。每个人都有自己的优点与缺点，每个国家也都有自己的优势与劣势，懂得悦纳过去，学习积累正确的经验教训，直面并改正错误与不足，才能让自己在前进的道路上走得幸福而且稳健。悦纳过去是一种难得的态度。作为一个中国人，我们或可以欣赏某个外邦的民主自由和理性主义等等，但是不得不承认，我们都无法逃脱中国传统文化在骨髓里的烙印。中国的传统文化以及传统思维模式像一块培育秧苗的土地，不考虑这片土地的现实因素，任何生命力强大的秧苗都难以成功移植。悦纳过去，继承好的，改正不好的，才能真正让这片土地栽种出合适的植物，呈现欣欣向荣的美好。

　　正是这种简单的想法让我再次翻开《孙子兵法》并思考它在现实生活中的种种。《孙子兵法》是一本影响深远的不朽巨著，其中不少思想观念或是名言金句影响了一代又一代的中国人，当然，在浩瀚的历史长河中，它们被不断修改，有的日臻完善，有的却饱受扭曲。不断得到完善的自然值得肯定，但那些被各种无视或曲解的语句与思想就让人表示无奈。它们为了不断适应社会的发展，化身为各种诡辩逻辑，理所应当地活跃在我们身边。古语有云，"积行成习，积习成性，积性成命"，用我们比较熟悉的话说，"行为决定习惯，习惯决定性格，性格决定命运"。细细思量，最前面应该还有一句"思维决定行为"。如果被坏的思维引领，前方的道路必然令人唏嘘。而纵观周遭，不少强盗逻辑或诡辩思想打着孙子的旗号堂而皇之地穿行其中，令人不忍直视。

对此，我冒昧地梳理出诸多被曲解被误用的思想或语句，对貌似正常的强盗逻辑加以剖析。《孙子兵法》前面七篇是各种兵法思想的集结，孙子在其中提出很多高大上的观点，如"知己知彼，百战不殆"、"不战而屈人之兵"以及"避实就虚"等等，其中不少惨遭利用，华丽变身为各种诡辩逻辑，成为坑爹达人的不二利器；而后面六篇，大多是春秋战国时期的战场经验总结，距离今天甚远，或现实意义不大，或是前面观念的重申，因而没有多花篇幅剖析其中被利用的思想。另外，笔者一人头脑有限，如有所思不及之处，欢迎拍砖。